◇ 뻔한 생각, 기획으로 망한다 ◇

인디펜던트 워커는 기획된다

정효평 · 최용규 지음

BOOK STAR

◆ 머리말

잡빌더가 창업을 꿈꾸는 이들에게

나는 세상에 없는 직업을 기획하는 잡빌더job builder다.

독립사업은 일생일대의 기회다. 반대로 모험이 될 수도 있다.

모험이 될지 기회가 될지는 오로지 당신의 선택에 달려 있다. 나는 당신이 일생일대의 기회를 선택할 수 있도록 가장 쉬운 방법을 알려주고 싶다.

기회가 실현되기 위해서는 반드시 기획이 필요하다. 따라서 독립사업도 기획을 해야 한다.

그래야 이기는 게임을 할 수 있다.

독립사업은 어쩌면 누구나 해야 할 선택지 없는 외길일지도 모른다.

현재 비교적 안정적인 직장도 곧 도래할 가까운 미래부터 노후에 이르기까지 제법 긴 세월 동안 자신의 경제 활동만으로는 안정적인 수익 구조를 유지하지 못할 것이라는 불안감을 안고 사는 대부분 사회인들의 유일한 선택지는 독립사업이 아닐까?

그 원인이 경쟁 때문이며, 그래서 그런 시스템을 바꿔야 한다고 말하고 싶지는 않다. 어차피 내가 어쩔 수 있는 일은 아니니까.

그래서 이왕 독립사업을 하려면, 꼭 해야 한다면 반드시 실패하지 않는 전략적인 방식을 기획하고 실현해야 한다는 얘기를 들려주고자 한다.

독립사업은 모두가 생각하는 것과 다르게 시작해야 한다.

어찌 됐건 독립사업을 하려고 준비 중이라면 반드시 명심해야 하는 것은 절대 남이 파는 걸 더 싸게, 더 많이 주는 방식으로는 팔지 않겠다는 각오 정도는 하고 시작해야 한다. 그래야 즐겁게 독립사업하고 운영할 수 있다.

그게 가능한 얘기야? 그럼 뭘 어떻게 하라고? 세상에 그런 게 있기나 해?

그 정도는 고민하고 시작해야 한다는 얘기다.

도무지 모르겠다?

그래서 그 방법에 대한 얘길 좀 하려고 한다. 어쩌면 한 번도 들어본 적 없는 얘길지도 모른다. 하지만 세상에 없던 얘기만은 아니다. 이미 누군가는 했거나 하고 있는 일이기도 하다. 그리고 해볼 만하다. 아니, 그래야만 한다.

왜냐하면, 어렵게 준비한 소중한 큰돈이 들지 않기 때문에 모험이 아니라 기회가 되는 방법만을 얘기해 줄테니까.

남들이 팔지 않는 방식으로, 더 비싸게 팔면서, 더 적게 일하고, 더 많이 버는 방식으로 독립사업을 해야 즐겁게 오랫동안 일할 수 있다. 그런 얘기 들어본 적 있는가? 아마 없을 걸?

그래서 이제부터 시작해 보자.

잘난 놈이나 못난 놈이나 개인적인 편차를 최소화하고 하기만 하면 누구나 성공할 수 있는 사업 전략, 사업을 기획하는 거다. 전혀 다른 방식으로 말이다.

세상의 어떤 기획서에서도 알려주지 않는 방법이다. 궁금한가? 하나하나 얘기해 주겠다.

대부분 비슷하게 출발하지만 목표는 같다. 당신이 독립사업에 성공하고 나면 그 방식을 익히게 된다. 그리고 어떤 사업이든 자신감을 갖고 애초에 다르게 시작할 수 있는 결국엔 자유로운 사업가가 되는 거다.

자, 시작해 보자.

아무것도 정한 게 없다면 당신은 행운아다. 뭔가를 하기 위해 대출을 받았다면 빨리 상환하는 게 좋다. 그 돈은 필요 없다.

이미 점포를 계약했다면… 답답해지는 거다…. 해약해라. 인테리어까지 했다면? 양도해라. 기존의 방식은 철저히 버려라.

지금부터 놀라운 세상으로 안내해 주겠다.

CONTENTS

PART
01

기획?
다르게 하면 어렵지 않다

• • •

세상의 반대와 비난 혹은 조롱을 무릅쓰고 시작했지만, 세상 누구나 부러워하거나, 알 만큼 거대한 성공을 거둔 사례는 많다. 굳이 나까지 언급하지 않아도 될 만큼 넘쳐난다.

마이크로소프트, 애플, 소프트뱅크, 알리바바, 코스트코, 이케아, 에어비앤비, 넷플릭스, 아마존, 쿠팡 등등 많다. 그래서 애초에 다르게 기획해서 거대한 사업이 될 수 있는 몇 가지 사례를 소개하고 그 기본 원리와 다양한 가능성에 대한 얘길하려고 한다.

택스코디Tax coodinator라는 직업을 가진 사람이 있다. 그는 세무교육을 받은 적도, 세무사 자격증을 취득한 적도 없었지만 세무 관련 책을 출간하여 2개월 만에 2쇄를 발행했다. 세무교육과 강의를 자영업자들이 비싼 수강료를 내고도 너무 감사해 하고 그를 신뢰를 하고 있다. 얼마 전에 택스코디와 함께 구청의 평생학습관에서 4주간 강의를 한 적이 있다. 이례적인 높은 출석률과 만족도에도 불구하고 동일한 강의를 다시 개설하지는 않는다고 한다.

여러 가지 사정이 있겠지만, 그것이 조직 문화에 길들여진 대부분의 한계라고 생각한다. 규정과 법에 얽매여서 어떤 생각과 행동도 자유롭게 하지 못한다.

세무 전문가들도 마찬가지다. 그들은 그들만의 세상에서 벗어나지 못한다. 그 세상에서 벗어난다는 것은 평생의 밥줄이 될 목숨 같은 자격증을 버리는 것이기 때문이다. 그리고 기존의 세무사들이 그에게 영업을 하기 시작했다.

어떻게 이런 일이 가능할까?

북스빌더Books Builder라는 직업을 가진 사람이 있다. 그는 출판업에 종사한 적도, 기획에 대한 교육을 받은 적도 없었지만 예비 작가와 기존 작가들의 글을 책으로 출간될 수 있도록 기획하고, 계약을 대행해 주는 일을 하고 있다.

그가 출간기획을 하면서 직접 느꼈던 기다림과 초조함, 허탈함 같은 수많은 감정들을 잘 알았기 때문에 시작할 수 있었다. 소중한 자식 같은 원고가 그냥 묻혀버릴지도 모른다는 강박에서 벗어나게 해 주는 그는 출간을 꿈꾸는 모든 작가에게 새로운 희망이다. 그렇게 출간 계약을 하는 작가들이 늘어가고 그런 작가들의 책이 더 잘 팔릴 수 있는 방법까지 알려준다. 그가 실행해 본 방법을 따라해 보는 것만으로도 성과를 낼 수 있기 때문이다.

그의 기획은 비단 작가들만의 욕구만을 위한 것이 아니라 늘 작가 발굴에 심혈을 기울이는 출판사의 니즈를 위한 것이기도 하다. 그렇게 계속해서 출판사의 편집자들과 소통하는 그에게 이제 출판사에서 먼저 연락을 하는 일들이 생길 것이다. 좋은 글을 쓰는 작가와 그를 원하는 출판사를 이어주는 플랫폼이 되는 것이다. 그리고 그가 기획한 책들이 출간을 앞두고 있다.

어떻게 이런 일이 가능할까?

현대판 지니 얘기도 있다. 불가능할 것 같은 다양한 사람들의 요구를 들어주는 컨시어지 서비스 회사 블루피시의 스티브 심스steve Sims의 이야기다.

벽돌공이던 그는 어떻게 그런 거대한 사업가가 되었을까? 가업이라지만 그의 가슴을 뛰게 하는 일은 아니었던 것 같다. 뛰어난 언변으로 은행에 취업했지만 하루 만에 해고된 후에 그는 나이트클럽 문지기가 되었다. 그의 첫 번째 도전은 하루 만에 실패한 셈이다. 그는 나이트클럽의 본질에 집중했다.

고객들의 만족은 어디서 찾는가? 만족할 수 없을 거라 판단된 날은 고객들의 입장을 막은 그에게 고객들의 신뢰가 쌓이는 과정을 거쳤다. 그리고 그는 고객들의 입장을 제한적으로 허용하면서 유명세를 탔다. 그는 최고의 파티 플래너party planner가 되었고 최고의 협상가가 되어 있었다.

그의 원칙은 명확했다. 협상 당사자 모두가 만족해야 한다는 것이었다. 고객들의 요구는 돈 이상의 가치에 있다는 것을 파악했고 최고의 사업가가 되었다.

지금부터 세상에 없던 직업을 가지게 된 그들이 어떻게 탄생했고, 어떻게 최고가 되었는지 살펴보자.

01

무게에 주눅들지 않는 것, 기획은 쉽다

기획이라는 단어의 무게감을 조금이라도 덜어내야 기획이 일상이 된다.

일반적으로 모르는 것을 배우기 위해서 제일 먼저 접하는 것이 책이다. 그런데 기획과 같은 무거운 단어를 배우기 위해서 책을 집어 들었는데 첫 장을 펼치기 무섭게 당황한다. 전문가들의 용어, 평소에 잘 쓰지 않는 그들의 단어에 부딪힌다.

제법 많은 사람이 가지고 있는 편견이 있다.

'쉬운 말보다는 어려운 말이 진실하다.'

사람들은 단어가 주는 무게감이 무거울수록 설득력이 있다는 편견을 가지고 있다.

사람들은 전문가를 신뢰하고, 그들의 알 수 없는 단어를 신뢰한다.

몸이 아파서 병원을 갔는데, 의사들은 알 수 없는 그들의 단어를 남발한다. 모르기 때문에 신뢰한다.

신뢰가 아니고 그 권위에 주눅이 드는 것이 아닐까?

감히 우리 따위가… 알려고 하다니.

조금 말이 옆길로 샌 듯하다.

기획은 무겁게만 보이는 단어일 뿐이다.

이미 당신은 일상을 기획하고 있다.

단어가 주는 권위에 쫄지 말자.

'택스코디'는 세무사가 아님에도 세무 강의를 한다. 세무라는 단어도 무거운 단어이다.

그는 강의를 시작하면 늘 이 말부터 들려준다.

"세무라는 단어가 주는 권위에 쫄지 마세요."

무게에 눌리는 순간, 어렵게 느껴진다. 전문가들의 영역이라고 치부해 버린다.

평소에 잘 사용하지 않는 단어를 극복하는 방법은 단 하나다. 많이 보면 된다. 처음부터 이해하지 않아도 된다.

많이 보다 보면, 어느새 무거운 단어가 홀쭉해지는 경험을 당신도 맛봤으면 한다.

기획은 쉽다.

단어가 주는 무게에 쫄지 마시라.

02

받아들일 상대는 반드시 있다

무엇이든 하려고 계획을 수립하려면 완전히 다르게 기획을 해야 한다. 기획이란 단어는 생소한 무게감이 있다. 그러면 기획이란 단어를 편하고 쉽게 풀어보자.

당신이 하고자 하는 일을 한 문장 혹은 특정 단어의 조합으로 풀어서 사업의 의도를 표현하면 된다. 그것이 기획이다. 먼저 택스코디는 그렇게 기획되었다.

'어려운 세무, 세무사에게 맡겨라'는 세상의 틀에서 그의 캐치프레이즈는 '어려운 세무, 쉽게 가르쳐 줄 테니 당신이 직접 해라'다. 그래서 그는 2018년 11월 《부가가치세 셀프 신고하는 방법》이란 책을 출간했다.

그의 의도는 부가가치세를 계산하고, 신고하는 방법은 어렵지 않으니 '조금만 배워서 직접 신고하라'는 것이다. 그래서 다음과 같이 기획을 했다.

〈2시간에 끝나는 부가가치세 셀프 신고〉

몇몇 단어의 조합으로 의도를 한 문장에 담아냈다.

처음부터 의도적인 기획을 한 것이다.

그리고 그는 계속해서 그만의 방식으로 어려운 세무를 쉽게 배울 수 있는 교육과 강연을 기획했다. 대부분 자영업자들은 세무를 공부하기엔 너무 어려워서 모르고 맡긴다. 그들 중에는 그런 틀이 답답해서 공부를 하고 싶지만 막막하고 어려운 사람들이 존재한다. 그들에게 아주 기초부터 차근차근 가르쳐 주는 택스코디는 어둠 속의 한 줄기 빛과 같은 존재다.

세무사에게 물어보면 짜증만 내던 문제들을 택스코디는 아주 쉽게 풀어서 설명해 준다.

어찌 보면 세무사들이 짜증을 내는 것은 당연하다. 아주 기초적인 지식도 없는 상태에서 질문에 답을 해주려면 기초부터 설명을 해야 하는데, 모든 거래처에 그 정도의 시간을 할애할 수 있는 세무사는 없기 때문이다. 그 정도의 비용을 받지 않기 때문이다.

만약 월 100만 원씩 주는 영세 자영업자가 있다면 매번 아주 친절하게 몇 시간이고 가르쳐 줄 것이다.

그것은 누구의 잘못도 아니다. 굳이 따지자면 공부하지 않는 자영업자의 잘못이다. 이처럼 세무는 어려우니 모르고 맡기는 주류와, 쉽게 배워서 알고 부리는 비주류로 나눌 수 있다.

이런 방식으로 세상과 반대되는 캐치프레이즈를 걸고 비주류를 향한 목표를 정한 후 전략을 수립해 나가면 된다.

자, 택스코디의 사례처럼 어떤 사업을 구상하든 당신이 고객에게 전달하고자 하는 메시지를 기획해야 한다. 여기서 중요한 것은 당신의 의도가 세상의 고정관념에 반하는가 아니면 부합하는가이다.

기획은 철저히 고객의 입장에서 기획해야 한다.

대다수가 '익숙한 규칙이나 틀'이 아니라 일부가 '답답해 하고 불편해 하는 규칙이나 틀'을 향하는 것이 기획의 출발이고 핵심이다.

자, 그럼 세상으로부터 '세무는 어려우니 세무사에게 맡겨라'라는 고정관념으로 굳어 있는 수많은 고객은 그가 '어려운 세무, 쉽게 가르쳐 줄 테니 직접 신고하라'라는 메시지를 전달했을 때, 어떤 반응이었을까?

두 손을 높이 들고 열렬히 환영했을까? 세무사에게 맡기기 억울했던 고객들이 처음부터 그의 팬이 되었을까?

아니다. 그는 처음에 손가락질을 받았다. 사기꾼 취급도 받았다.

출발은 그렇게 하는 것이다. 대부분 고객의 고정관념에 반하는 방식이어야 한다. 하지만 그 대부분의 틀에 지치거나 불만인 고객들은 있기 마련이다.

출발은 대부분의 고정관념에 반해 역풍을 맞으며 반대로 시작해야 한다. 그래야 경쟁하지 않고, 세상에 없는 사업을 할 수 있다.

역풍을 맞으며 시작한 사업은 순풍을 맞으며 시작하는 사업에 비해 힘들다. 그리고 역풍에 뒤집어지지 않으려면 엄청난 노력을 해야 한다.

출발하기 쉽다고 대부분 사업자들이 하는 것처럼 순풍을 맞으며 사업을 시작하면 어떤 일이 벌어질까? 결국, 공부를 하고 시험을 치고 서로 경쟁할 수밖에 없다.

세상의 수많은 세무사처럼 말이다. 그들은 세무 전문가라고 불리지만 그들 안에서는 경쟁하는 일반인에 불과하다. 하지만 세무를 직업으로 삼은 택스코디는 누구와도 경쟁하지 않는다. 오히려 세무사들이 그에게 도움을 받고 싶어 영업을 하러 오는 지경이다.

애초에 다르게 역풍을 맞으며 출발했기 때문이다.

당신의 기획은, 아니 당신의 사업은 고객에게 어떤 식으로 기억될 것인가?

기획에서 가장 중요한 것은 '내가 어떻게 기획할까?'가 아니고 '상대가 어떻게 받아들일까?'가 기획의 출발이다.

반대로 하는 출발이 진짜 기획이다.

받아 줄 상대는 반드시 있다. 두려워하지 마라.

03

그녀와의 멋진 데이트를 그려라

우리의 일상이 기획의 연속이다.

기획이란 단어가 주는 무게감으로 기획을 어렵게만 생각하고, 전문가들의 영역으로 생각하지 않기를 바란다.

'오늘, 점심은 뭘 먹지? 퇴근 후에는 뭐 할까? 주말에는 여행을 가볼까?'

이 모두가 기획을 하는 것이다.

기획이란 단어는 어렵고 무거운 것이 아니라 우리의 일상이다. 당신이 힘겹게 고민한 사업 계획을 그냥 실행하는 것과 기획이라는 과정을 거친 후에 실행하는 것은 완전히 다른 결과를 가져온다.

'어떻게 하면 될까?'

여기서 '어떻게 하면'은 효율적인 실행 방법이 되고, '될까?'는 원하는 결과가 된다.

기획을 쉽게 정의하자면, 원하는 결과를 미리 정해 놓고 효율적인 실행 방법을 찾는 것이다.

예를 들어 '퇴근 후에 뭐 할까?'를 기획해 보자.

'할까?'에 대한 결과는 '그녀와의 즐거운 데이트'로 결정하자. 사귄지 얼마 되지 않은 그녀와의 데이트는 기획이 필요하다.

그녀와의 즐거운 데이트를 하기 위해서는 그녀의 허락을 받으면 된다. 평소 그녀가 좋아하는 음식을 고민하고, 그녀가 좋아할 만한 데이트 코스를 정하는 것, 그리고 평소에 그녀가 꼭 하고 싶었던 것을 찾는 것이다.

당신은 그녀의 입장에서 기획을 하는 중이다. 짧은 순간에 멋진 기획안이 나왔다.

기획은 일상이고 어렵지 않다.

이제 당신은 퇴근 후에 그녀와 멋진 데이트를 하면 된다. 물론 계획대로 되지 않을 수 있다는 각오 정도는 하는 게 좋겠다. 그녀와 오래 만날수록 점점 더 잘 알게 되고, 시행착오를 줄여나갈 수 있다.

기획을 구상해 보자.

고객의 입장에서 서서 그들의 가려운 곳을 긁어줄 만한 것을 찾아보자.

04

회의론자처럼 사고하라

세상의 모든 새로운 시작은 대다수가 회의적인 생각에서 출발한다.

'과연 이것이 맞을까?'

고정관념, 편견, 모두가 맞다고 생각하는 틀에 대해서 합리적인 의심을 하라.

합리적인 의심으로 다르게 생각하고, 다르게 접근하라.

모두가 천동설이 맞다고 생각하던 시절에 갈릴레오 갈릴레이는 합리적으로 의심을 하였다. 그의 회의론적 시각이 현재의 지동설의 출발이었다.

회의론자들은 무엇이든 깊게 생각하고, 그에 대한 증거가 나오기 전까지는 어떤 것도 믿지를 않는다. 더불어 그들은 언제든지 자신의 생각을 바꿀 준비도 되어 있다. 회의론 하면 으레 차갑고 냉정하다는 느낌을 받는데 그렇지 않다.

그들처럼 세상을 살아가는 것도 괜찮다고 생각한다.

세상엔 수많은 사람이 살고 있다. 일반적으로 사기꾼이라고 일컫는 부류들도 다수 존재한다.

그들은 일반화된 가정假定을 자기 기준으로 유리하게 해석을 하여 사람들의 감정에 호소하고 취약점이 보이면 집요하게 공략한다. 자기들은 따뜻하고 의미 있는 일이라 하며, 회의론자들은 차갑고 인간미가 없다고 한다.

회의론은 사기꾼들이 말하는 것과는 다르다.

건강한 의심을 하는 것이고, 이성적 사고로 무엇이 옳고 그른지 판단하는 것이다. 그래서 그들의 나쁜 설득이 그럴듯하게 포장되었을 때 그것을 분별하는 능력을 키워야 한다.

비판적 사고를 할 줄 알아야 한다.

질문에 주저함이 없어야 한다.

일반화된 가정을 진리라고 믿지 마라.

창의력은 그 일반화된 가정을 다르게 생각할 때 생기는 것이다.

회의론자처럼 사고하라.

다른 기획은 그렇게 출발되는 것이다.

반대로 하면 어떨까?

역발상, 일반적인 생각과 반대가 되는 생각을 해 낸다는 말이다.

딕 포스베리Dick Fosbury라는 높이뛰기 선수가 있었다. 그는 배면도약법을 최초로 생각해 낸 사람이다.

처음 그 기술을 선보였을 때 시사주간지 《타임》에서는 '유사 이래 가장 웃기는 방법'이라고 혹평하였다고 한다.

딕 포스베리는 1968년 멕시코올림픽에서 배면도약법으로 금메달을 목에 걸었고, 현재 대부분의 높이뛰기 선수들은 배면도약법으로 바를 넘고 있다.

이런 역발상에 가장 큰 장애물은 고정관념이다.

당신이 자연스럽게 받아들이는 고정관념을 합리적으로 의심을 하라. 역발상은 그렇게 출발한다.

남들과 다르게 생각을 할 때 새로운 기획을 할 수 있다.

모든 사람이 옳다고 생각하는 모든 길에는 함정이 있다. 그 길이 가장 위험할 수도 있다.

당신이 다르게 생각할 때, 다른 길이 열린다.

당신만이 갈 수 있는 길은 그렇게 시작된다.

남들이 다 가는 길에서 새로운 보석을 찾는 것만큼 어리석은 것도 없다.

05

약만 팔려고 하였나요?

어떤 관점에서는 기획은 세일즈라고도 할 수 있다.

기획의 목적은 더 잘 팔기 위해서다.

만약 당신이 약을 팔고 싶다면 어떻게 팔아야 할까?

평소에 몸이 좋지 않아 병원을 갔다. 담당 의사는 기존에 복용하던 약이 아닌 다른 약을 권한다.

"이 약은 ㅇㅇ제약 제품이고, 성분은 무엇이고, 최근에 나온 신약인데 효과가 탁월하고… 중얼중얼"

환자는 그것이 궁금한 것이 아니다.

그 약을 먹으면 어떻게 좋은지, 현재 복용 중인 약에 비해 어떤 차이가 있는지, 임상실험은 충분히 한 건지, 부작용 사례는 없는지, 보험 적용은 되는지….

이런 것들이 궁금하지 않을까?

단순히 약만 팔려고 하였나? 환자의 입장에서 생각해 보면 어떻게 될까?

기획은 철저히 고객의 입장에서 생각하는 것이 시작이다. 당신이 무엇을 팔려고 하는가는 그다음이다.

"현재 이런 증상으로 힘들지 않았나요? 현재 복용 중인 약을 먹으면서 이런 부작용은 없었나요?"

이렇게 시작하는 것이 먼저다.

그리고 이렇게 결론을 맺어야 한다.

"제가 권하는 약을 먹으면 현재 먹는 약보다 이 부분이 현저히 좋아질 것입니다. 만일 현재 먹던 그 약을 계속 먹는다면 이런 부분이 걱정됩니다."

기획은 고객의 불편함을 생각하는 마음에서 시작된다.

당연히 그 마음에는 상대를 돕겠다는 진심이 들어가 있어야 한다. 하지만 세상이 정해준 기준과 다르게 시작해야 하고 그에 따른 반대 정도는 각오해야 한다.

기존의 타성에 젖은 고객은 쉽게 당신의 기획을 받아들이지 않을지도 모르기 때문이다.

그러기에 꾸준할 수 있어야 한다.

기획은 상대를 돕겠다는 이타심에서 먼저 출발해야 한다.

당신은 혹시 무언가를 팔려고만 하지 않았나?

그것이 패착이었다면 이젠 다르게 기획해 보자.

06

문제와 문제점은 다르다

《문제 해결의 기술》의 저자, 사토 인이치佐藤는 이렇게 정의를 내렸다.

문제—최선의 상태와 현실 간의 차이.

문제점—결과를 일어나게 만든 원인들 중에서 대처 가능한 것.

문제가 무엇이고 고쳐야 할 문제점이 무엇인가를 알아야 제대로 된 기획이다.

문제를 정확하게 알기 위해서는 최선의 상태와 현재의 상태를 같이 알아야 함에도, 많은 기획이 현재의 잘못된 상황만 분석하는 경우를 종종 본다.

어떤 경우가 있을까?

앞서 얘기했지만 기획은 최선의 상태를 미리 설정하는 것이 중요하다. 만약 특정 상대가 기획안을 요구하였다면 그 상대와 최선의 상태를 미리 합의한 다음 기획을 해야 하는 것이다. 여자

친구와의 즐거운 데이트처럼 말이다.

그런 합의 없이 일방적인 기획을 하였다면, 추후 이런 결과를 초래할 수도 있다.

"우리가 원한 것은 그것이 아니었는데…"

문제를 알았다면, 그다음은 문제점을 파악해야 한다. 앞서 정의한 문제점은 대처 가능한 것이라는 전제를 달았다.

문제의 원인을 분석하다 보면 대처 가능한 것과 대처 불가능한 것으로 자연스레 구분된다.

문제점이 아닌 것에 시간을 낭비하는 우를 범하지 마라. 문제점에만 대처해야 한다.

예를 들면 '그때 태풍만 안 몰아쳤어도…'라고 후회해도 소용없다. 자연재해는 우리가 어떻게 할 수 없는 것, 문제점이 아니다.

위와 같은 과정을 거쳐 자연스럽게 문제점이 도출되었으면, 최선의 상태를 만들기 위해 무엇을 할 것인지 명확하게 드러난다. 즉 실행 방안이 나오는 것이다.

'택스코디'는 세무에 대한 지식이 전혀 없어서 걱정하고 고민하는 자영업자들을 위해 상담을 해주는 기획을 했다. 그리고 많은 자영업자에게 도움을 주었지만 그걸로는 부족하다는 것을 느꼈다.

그래서 세무교육을 기획했다. 어떻게 할 것인지, 교육 비용은 얼마가 적정한지 고민했다. 그리고 교육 내용은 점점 알차지고 시간은 짧아지고 있다. 수강생들의 만족도와 신뢰도가 높아지면서 교육 비용도 계속 올라가고 있다.

이처럼 잘하는 기획은 문제를 정확히 인식하고 문제점을 찾아 실행 가능한 방법을 통해 최선의 상태를 만드는 것이다.

07

뻔하지 않은 해결책

제대로 된 기획의 방점은 문제점에 대한 해결책이다.

나는 어떤 해결책을 제시하고 있는가?

올바른 해결책은 실현 가능성이 있어야 한다. 문제점을 해결하고 기획의 목적 달성에 대한 대안을 제시해야 한다.

여기까지는 뻔한 내용일 수도 있다. 기획을 다루는 모든 책에서 하는 두루뭉술한 소리일 수 있다.

해결책은 뻔하지 않아야 한다. 그래야 선택을 받을 수가 있다.

해결책이 실현 가능성이 높더라도 뻔한 소리라면, 당신의 기획안은 선택을 받을 확률이 매우 낮아진다.

누구나 하는 흔한 생각은 어느 누구의 관심도 끌 수 없다.

그러면 좋은 해결책은 실현 가능성이 높아야 하고 뻔하지 않아야 한다.

동시에 두 가지의 조건을 충족시켜야 하는 것은 많은 사고를 필요로 한다.

실현 가능성이 높을수록 뻔한 생각일 것이고, 뻔하지 않은 생각이면 반대로 실현 가능성은 낮아질 것이다.

기획이 어려운 이유는 바로 여기에 있다.

기획이란 단어가 주는 무게감이 기획을 어렵게 하는 것이 아니고, 다른 생각을 해야 한다는 것이 어려운 이유다.

'택스코디'는 세무사가 아님에도 세무 관련 책을 쓰고, 세무 강의를 한다. 그의 강의는 개인사업자의 세금 신고는 어렵지 않으니 직접 신고해도 된다고 알려준다. 그의 강의를 기반으로 나온 책이 《2시간에 끝나는 부가가치세 셀프 신고》이다.

지금까지 세무 책은 전부 세무사가 집필을 하였다.

'꼭 세무사가 써야 하나?'

그렇게 해서 다른 생각은 출발되었다.

08

자유롭게 사고하라

자유롭게 사고해야 하는데, '생각을 누군가가 주입하는 것이 아닐까?'라는 생각을 해보게 된다.

처음부터 당신의 생각은 없었고, 누군가의 생각을 통해서 당신의 생각은 틀을 잡아가고 있는 것이다.

그 누군가는 부모님일 수도 있고, 선생님일 수도 있고, 아니면 책일 수도 있고, TV 같은 미디어일 수도 있다.

그렇게 당신의 생각은 누군가의 생각으로부터 완성되었다.

생각은 자유스러야 한다, 주입되어서는 안 된다.

우리가 살아가는 지금 시대는 참으로 자기 생각을 가지기 힘든 시대가 아닐까?

생각이 완성되는 과정을 알고 있는 누군가가 우리를 부리기 위한 용도로 쓰기 위해 생각을 주입하고 있는 것은 아닐까?

생각은 주입되어서는 안 된다. 당신은 자유스럽게 사고해야 한다.

자유스러운 사고방식이 당신을 새롭게 변화시켜 줄 것이다.

창의력은 주입된 생각으로는 결코 생길 수 없다. 자유스럽게 사고할 때 창의력이 생겨난다.

때론 세상이 정한 판단 기준을 무시해도 좋다. 언젠가는 바뀌게 될 기준이다.

당신의 생각은 외부의 인위적인 조작으로 만들어질 수도 있다.

그런 점을 가장 잘 이용한 사람이 '히틀러'이다. 누구나 히틀러를 독재자라고 얘기하지만, 사실 그는 국민투표로 선출되었다고 한다. 투표를 했던 사람들은 그의 노련한 선동에 주입되어, 자기 판단이라고 믿으며 그에게 투표했다고 한다.

새롭고 기발한 생각은 결코 주입될 수 없다. 그러기에 당신의 생각은 자유로워야 한다.

생각을 자유롭게 할 때 새로운 기획, 다른 기획을 할 수 있다.

09

세상에 없는 새로운 판을 짜라

누군가가 이미 만들어 놓은 견고한 판 안에서 경쟁을 하고 있는가?

당신이 새로운 판을 만들어서 경쟁하지 않는 방식이어야 한다.

Only one이 되어야 한다. 그렇게 되도록 기획해야 한다.

잘 기획을 하였다면 No. one이 되는 것은 자명한 일이다.

경쟁하지 않는 자신만의 판을 기획하는 것, 그것이 새로운 삶의 출발이다.

누군가가 이미 만들어 놓은 판 안에서 경쟁하면 이기기도 어렵겠지만, 설령 이겼다 하더라도 그 견고한 판 안에서 일하는 것과 당신이 기획한 당신만의 새 판에서 일하는 것 중 어느 쪽이 재미있겠는가?

당신이 만약 Only one이 되면 시장이 정한 가격 따위는 의미가 없다. 당신이 가격을 정하기 때문이다.

결정권자가 되는 것이다. 오직 당신만이. 매력적이지 않은가?

누군가가 정해 놓은 판에서 경쟁하면 어렵고 재미없다. 그러면 지치고 지겨워서 오랫동안 할 수 없다. 그래서 새 판을 짜야 한다.

새 판을 짜고, 그 일에 꾸준히 집중하라.

세상에 없는 유일한 일을 하는 당신이 된다.

'세무사도 아닌 사람이 세무 관련 책을 쓴다고? 세무 교육을 한다고?'

기존의 판 안에서는 그 속에 갇힌 고정관념으로는 있을 수 없는 일이다.

'택스코디'는 그렇게 철저히 기획되었다.

'세무는 어려우니 세무사에게 맡기고 사업이나 열심히 하라'는 세상이 정한 판을 '어려운 세무를 쉽게 배워서 스스로 절세를 하라'는 택스코디만의 새 판을 짰다.

그렇게 '택스코디'는 세무사가 아님에도 세무 관련 책을 쓰고, 세무 강의를 한다. 세무사가 아니기에 그가 하는 강의는 그간 세무에 목말랐던 자영업자들을 위한 강의다.

스스로 공부하기 어려웠던 대부분의 자영업자는 잘 몰라서 자신들이 고용한 세무 대리인에게 제대로 묻고, 친절한 답변을 듣기 어려웠다. 왜냐하면, 세무 지식이 너무 없기 때문에 제대로 된 질문 자체가 어려웠다.

질문 자체가 답을 해 주기엔 너무 많은 시간이 소요되기 때문에 일일이 알려주기 어려운 세무 대리인의 입장도 충분히 이해할 수 있다. 그래서 아주 기본적인 내용부터 친절하게 설명해 주는 택스코디의 교육에 자영업자들은 깊이 공감하고 신뢰하고 있다. 심지어 세무에 대한 자신감도 생기고 스스로 절세를 할 수 있는 능력을 갖추게 되었다.

그의 인기는 점점 올라가고 있다. 심지어 세무사들도 그를 추종하기 시작했다.

택스코디가 신뢰하는 세무 대리인이 있다면? 만약 꼭 세무 대리인을 고용해야 하는 자영업자에게 택스코디가 세무 대리인을 추천해 준다면?

그 대가로 택스코디는 세무 대리인에게 어떤 요구를 할 수 있을까? 그의 신뢰를 얻기 위해 세무 대리인은 어떤 노력을 해야 할까?

애초에 다르게 기획해서 세상에 없던 새로운 판을 잘 짜서 성공한 경우다.

당신도 그렇게 할 수 있다. 얼마든지 가능하다.

세상에 없는 새로운 판을 한번 짜볼까?

10

자신 있는 기획에 상대는 감동한다

당신은 자신감을 가져야 한다. 아니, 자신이 있어야 한다.

글이든 말이든, 당신의 기획에 자신이 있어야 한다.

자신 있게 적은 글은 상대에게 신뢰가 가득한 글이 된다. 자신 있게 하는 말은 상대에게 설득력 있게 들린다. 당신 스스로가 자신에 찬 기획을 해야 한다.

그렇게 되기 위해선 무엇을 해야 할까?

역풍에 익숙해져야 한다. 세상이 정한 기준에 당당히 맞설 수 있어야 한다. 가장 강력한 역풍은 당신을 가장 사랑하는 가족이 될 수도 있다. 당신을 진정으로 걱정하는 사람들이 될 수도 있다.

그럼에도 불구하고 기획된 '택스코디'는 자신이 있었다.

택스코디가 하는 일과 말, 글은 기존의 세무사들이 하는 '세무는 어려우니 나를 고용하라'라는 내용들과는 반대다. 오히려 '어려운 세무를 쉽게 가르쳐 줄 테니 알고 부려라, 모르고 맡기는 우를 범하지 마라'로 판이하게 다르다.

그래서 처음엔 거센 역풍을 만났지만, 그의 진정성을 받아들이는 고객에게는 새로운 감동으로 찾아갈 것이라는 자신이 있었다. 그렇게 기획된 택스코디에게 필요한 것은 자신감이었다.

'누구의 눈치도 보지 마라. 오직 당신이 하고 싶은 것들을 보여주어라.'

그렇게 의도한 대로 택스코디는 고객의 입장에 서서 기존의 고정관념들을 깨는 얘기들을 쏟아냈다.

처음부터 '그렇게 될 것이다'라는 답을 정해 놓고 택스코디를 기획했다.

다른 기획은 반대로 하는 답을 정해 놓고, 그 답을 찾아가는 방법들을 세부적으로 도출해 나가는 과정을 기록하는 것이다.

다르게 기획을 한다는 것은 늘 고통을 수반하지만, 그 뒤에 오는 희열을 알기에 멈출 수가 없다.

11

세상을 삐딱하게 바라보라

새로운 생각의 시작은 '낯섦'부터다.

한없이 익숙하게 느꼈던 세상을 낯설게 바라봐야 한다.

'저런 기발한 생각을 어떻게 한 거야?'

세상을 늘 익숙하게 바라보던 시각으로는 기발한 발상을 하는 것은 어려운 일이다.

나 또한 연습 중이다. 삐딱하게 바라보기를.

조금은 다른 관점에서 바라보려고 노력 중이다. 익숙한 세상과 맞서야 하기에 쉽지는 않다.

익숙하다는 것은 편한 일이다.

편한 것을 버리고 어려운 것을 선택하는 것이 기획의 시작이다.

새로운 발상은 조금 삐딱하게 바라봐야 한다.

남들과는 다르게 생각해야 한다.

낯선 시각으로 세상을 보아야 한다.

세상을 낯설게 바라보려면 편견과 고정관념에도 맞서야 한다. 아니 정면으로 부딪쳐야 할 순간도 제법 온다.

택스코디는 정면으로 부딪쳐 탄생한 기획이다. 전문가의 아성에 정면으로 도전장을 내었다.

'세무사도 아닌데 세무 책을 쓴다고? 세무 강의를 한다고? 그게 말이 돼?'

때로는 이런 터무니없는 발상이 좋은 결과를 가져온다.

새로운 일을 기획하는 데 있어서, 역발상만큼 좋은 것도 없다.

다른 기획은 세상을 '삐딱하게 바라보는 것'에서 출발한다.

12

상대의 마음을 훔치는 기획

잘 된 기획을 한마디로 정의하면, '마음을 잘 훔쳤는가'이다.

"엄마는 외롭지 않은 인생을 사는 게 성공이라 생각해."

종영된 〈SKY 캐슬〉이란 드라마에서 노승혜 윤세아 분가 한 말이다. 아내는 SNS의 프로필로 쓰고 있다.

비단, 아내만 그럴까? 대한민국 엄마들이 깊은 공감을 한 것이다. 엄마들의 마음을 매우 잘 훔친 경우다.

'어머, 저건 내 이야기이야.'

잘 된 기획은 상대로부터 공감을 끌어낸다. 하지만 모두를 상대할 필요는 없다.

서점에 갔는데, 제목에 끌려 책을 집어 들고 읽어 본 경험이 있을 것이다.

잘 기획된 책 제목에 당신은 공감하여, 그 책을 집어든 것이다.

글을 적는 작가라면 제목에 특히 신경 써야 한다. 내용은 좋은데 기획력이 부족한 작가들은 제목보다 원고에 신경을 쓰는 경우가 적지 않다.

나는 원고 정리를 마친 후에도 제목과 목차를 배분하는 데 원고를 쓰는 것보다 더 많은 시간과 공을 들이는 편이다.

기획의 중요성을 알기 때문이다.

글을 적는 작가, 강의를 하는 강사들은 기획을 하는 것이 매우 중요하다.

그래야 당신이 힘들게 적은 책이 독자의 눈에 띄어 구독으로 이어지기 때문이다.

어떻게 해야 사람들이 내 강의를 들을까? 이것 역시 기획이다.

최근에는 온라인 플랫폼에서 강사 스스로가 강의를 업로드하고 직접 오프라인에서 강의한다.

택스코디 역시 여러 채널을 통해 강의를 한다. '부가가치세 실무교육, 부가가치세 바로 알기'이런 유형이다.

그는 강의 제목을 이렇게 기획했다.

'앞으로 남고 뒤로 까지는 이유는 세금이다.'

사업을 해 봤다면 조금 공감이 가는 강의 제목인가?

잘 된 기획은 상대의 마음을 훔치는 것이다.

13

누구에게 도움이 될까요?

책을 쓴 저자가 되었다고 성공한 것은 아니다. 그런데 대부분의 작가 지망생들은 책만 쓰면 성공한 삶을 살게 될 거란 착각을 많이 한다. 작년 한 해 출간된 책이 7만 5,000권 정도 된다고 한다. 그럼 매달 6,000권 이상의 책이 출간된다는 것이다.

당신의 책이 베스트셀러 혹은 밀리언셀러가 될 가능성은 과연 얼마나 될까? 거의 없다.

힘 빠지라고 하는 소리는 아니다. 현실을 직시해야 올바른 기획 또한 가능하기 때문이다.

책을 출간한 저자가 되었다는 것은, 자신을 홍보할 수 있는 강력한 무기를 지니게 된 것은 분명하다. 어지간한 자격증 이상의 몫을 해내기도 하고, 그 분야 석사학위를 딴 것과 비슷한 스펙을 지닌다고도 한다.

책을 출간하면 돈을 버는 것이 아니고, 그 책을 수단으로 돈을 벌 수 있다는 것이다.

그러므로 자신만의 직업을 가지는 프리랜서의 삶을 살아가기 위해서 책을 출간하는 것은 필요하다.

간혹, 작가 지망생들에게 물어보곤 한다.

지금 쓰고 있는 책은 누구를 위한 책인가?

제일 많이 답하는 경우는 "젊은 20~30대요". 너무 광범위하다. 남녀를 불문하고 20년을 아우르는 책을 쓰고 싶다는 것인가?

물론 그럴 수 있다. 남녀노소를 모두 아우르는 책도 있긴 하다. 하지만 지금은 그런 시대가 아니다.

그래서 책을 쓰는 데도 기획이 필요하다.

'누구를 위하여 쓴 책인가?'라는 질문을 받는다면 구독 대상을 구체화할 필요가 있다.

나이, 직업, 성별, 취향, 소득 수준 등 아주 구체적인 독자를 설정하고, 그 독자에게 도움을 주는 글을 애초에 적어야 한다.

이것이 기획되는 책이다.

그렇게 '북스빌더'라는 직업이 생겼다.

'북스빌더'도 기획되었다.

책을 출간하고 싶은 사람, 그런데 원고가 없는 사람이 북스빌더의 주 고객 대상이다. 상담과 교육을 통해 기획하고 집필하고 출간으로 이어지게 해 주는 역할을 한다. 그 책을 도구로 자신의 직업을 만들고 강의하고 수익을 얻을 수 있도록 해 준다.

원고는 있는데 어떻게 출간해야 할지 모르겠다는 사람도 북스빌더의 도움을 받을 수 있다.

현재까지 북스빌더의 도움을 받아 원고를 집필하고 출간 예정인 책이 몇 권 있다. 원고의 작성부터 출간까지는 적어도 몇 개월의 시간이 소요되기 때문이다.

'북스빌더'를 통해 택스코디의 책도 기획 출간되었다.

택스코디의 첫 책은 《2시간에 끝나는 부가가치세 셀프 신고》란 세무 관련 책이다. 철저히 기획 출간된 책이다.

도전 의지가 있는 자영업 사장님, 그중에서도 5인 미만의 직원을 둔 영세한 사장님을 정확하게 독자로 설정을 해놓고 쓴 책이다. 그 덕분에 출간된 지 2달도 되지 않아 2쇄를 발간했다. 세무 관련 서적은 많이 팔리는 분야는 아니다.

하루에도 수백 권의 신간 도서가 발행되는 현재의 출판 시장에서는 대상 독자를 비교적 상세히 구체화해야 한다. 그래야 출간될 가능성이 높아진다.

그것이 경쟁하지 않는 방식이다. 독자의 범위와 목적을 두루뭉술하게 만들수록 치열한 경쟁은 불가피하다. 반드시 대상 독자의 욕구를 해결해 줄 수 있는 콘텐츠를 기존의 책들과 다른 방식으로 접근해야 한다.

그게 당신의 관심사여야 한다. 당신이 평소에 다른 사람들의 가려운 곳을 계속 찾아야 한다. 누구를 위해 기획할 것인가!

14

누구에게 도움이 될까요?

예상 가능한 기대효과는 숫자로 보여주는 것이 가장 이상적이다.

기획자가 밤을 새워서 만든 기획은 상대방에게는 보이지 않는 기획자의 생각일 뿐이다.

상대방은 단지 조금 전 기획자의 얘기만을 들었을 뿐이다. 기획자가 밤을 세워 도출한 생각을 상대방은 전혀 알아볼 수가 없다. 그러므로 정량화된 기대효과를 보여줘야 한다.

숫자로 보여줘야 한다.

예를 들면 '택스코디의 세무 강의는 어렵지 않으므로 사장님 또한 직접 세금 신고를 할 수가 있습니다.'라고 말하면 수강 대상자는 강의의 가치를 가늠하기 어렵다.

그럼 다음은 어떤가?

'택스코디의 세무 강의를 들으면 연간 200만 원의 세무 대리 비용을 절약할 수 있고, 향후 10년간 예상되는 단순 절약 비용만

2,000만 원 정도됩니다. 하지만 택스코디의 세무 강의 비용은 단지 100만 원밖에 되지 않습니다.'

이런 식으로 숫자로 기대치를 보여주는 것이다.

차이가 느껴지는가?

숫자로 기대효과를 보여주면 밤을 샌 기획자의 의도를 상대는 정확히 알아들을 것이다.

상대의 머릿속에 예측 가능한 숫자로 그림을 그려 주는 것이다.

주의할 점이 하나 있다.

여기서 보여주는 숫자 역시 상대를 위한 숫자여야 한다는 것이다.

"이 기기의 저장 용량은 5GB입니다."라는 표현을 스티브 잡스는 "무려 1,000곡의 노래가 당신 주머니에 쏙 들어갑니다."라고 바꿔 말했다.

당신이 고객에게 제공할 가치를 보다 쉽게 가늠할 수 있는 표현은 어떤 것이 있을지 고민해 보자.

15 뇌의 특성, 나쁜 남자에게 끌리다

제법 많은 여자가 나쁜 남자에게 끌리는 이유는 뇌란 놈이 그렇게 생겨 먹었기 때문이다.

늘 잘해 주던 남자들의 프러포즈보다 늘 무뚝뚝하기만 한 그가 멋지게 기획한 프러포즈로 최고의 하루로 만들어 주었다면, 그녀는 나쁜 남자에게 빠져들게 될 것이다.

그렇다고 당신에게 나쁜 남자가 되라고 하는 건 아니다. 이기적인 남자가 되라고 말해 주고 싶을 뿐.

뇌란 놈은 이렇게 성질이 다른 상황이 연결이 되었을 때 가장 잘 기억한다.

이런 뇌란 놈의 특성을 활용하여 택스코디의 비교 문장을 만들어 보자.

'절세는 세무 대리인이 하는 것이 아니고, 사장님 본인이 하는 것이다.'라는 표현과 '절세는 사장님 본인이 하는 것이다.'라는 표현을 비교해 보면 뇌란 놈은 당연히 이질적인 비교를 한 처음의 표현을 더 잘 받아들일 것이다.

'절세는 세무 대리인이 하는 것이 아니라고? 그럼 누가 하지?'라는 의문이 자연스럽게 생긴다. 그와 동시에 '사장님 본인이 하는 것이다.'라고 연이어 표현되면 상대는 '그렇구나!' 하게 되는 것이다.

앞서 기대치에 관한 얘기도 언급을 했다. 기대치를 활용한 비교도 참 좋은 결과로 연결이 된다.

'택스코디를 만나기 전의 당신은 모르고 맡겼지만, 택스코디를 만나고 난 후의 당신은 알고 부리게 됩니다.'

만나기 전의 당신은 손해를 본 것 같지 않은가?

'택스코디의 쉬운 세무 강의'라는 캐치 프레이즈보다 '모르고 맡기는 것과 알고 부리는 것의 차이는 크지 않을까요?'라는 표현이 훨씬 뇌란 놈을 잘 조종하는 멋진 기획이 되는 것이다.

훔치고 싶은 고객의 마음은 당신을 만나기 전과 후를 비교해 줌으로써 훨씬 더 쉬워진다.

그러기 위해선 당신이 그들의 욕구를 채워줄 강력한 무기를 가지고 있어야 한다.

그게 무엇이든, 얼마가 걸리든 반드시 가져라.

16

한마디로 정리하는 위대한 메시지

당신이 훔치고 싶은 고객의 심장을 꿰뚫는 단어나 문장이 있는가? '와우'가 나올 수 있는?

'그래서 한마디로 정리하면 뭔데?'

콘셉트라고 하자. 그 한마디, 한 문장을 듣는 순간 바로 상상이 되고 시각화된 그림이 그려져야 한다. 그래서 책의 제목, 강의의 제목을 정할 때 콘셉트가 중요하다.

택스코디의 세무 강의의 콘셉트를 예로 들어 보자.

요식업에 종사하는 분들을 위한 세무 강의의 콘셉트다.

'레시피보다 중요한 세무 상식' 요식업을 하는 분이 아니라도 레시피의 중요성은 다 알고 있을 것이다. 평소에 세무에 대하여 전혀 관심이 없던 사람일지라도 '어, 레시피보다 중요한 것이라고?' 하는 호기심을 자극하기에는 충분한 콘셉트다.

기획자의 잠정적인 결론을 한마디, 한 문장으로 표현하는 것이 중요하다.

강력한 한 줄 메시지, 상대방의 머릿속에 자연스럽게 시각화되는 것이 중요하다.

새롭고 창의적인 콘셉트가 물론 좋은 것이라고 할 수 있지만, 조금 서투르고 투박하더라도 기획 의도를 정확하게 반영하는 것이라면 훌륭한 콘셉트라 할 수 있다.

위대한 기획에는 위대한 콘셉트가 있다.

당신이 정리한 누군가의 고민이나 문제점을 해결할 수 있는 방법이 콘셉트라는 것을 통하여 상대의 뇌리에 깊숙이 박힌다면, 최고의 기획이 될 수 있다.

시간을 들여 갈고 닦는다면 반드시 멋진 직업이 될 것이다.

PART

02

잡빌더의 다른 기획

01

이타심에서 출발하라

당신이 가장 좋아하는 일이 누군가에게 도움이 되는 일이면 좋겠다.

아직 당신이 좋아하는 일을 찾지 못했다면 당신은 누군가에게 '어떤 도움을 줄 수 있을까?'를 고민해 보는 것도 좋은 방법이다.

모든 일의 시작은 이타심에서 출발할 때 가장 이상적이라고 생각한다. 반대로 이기심에서 출발해도 좋다. 결국, 만나게 될 것이다.

앞서 언급된 택스코디는 직업으로 책을 쓰고 강의를 한다. 더 많은 일을 기획하고 있다.

최초의 시작은 온라인상의 자영업자 카페에서 누군가에게 댓글로 세무 상담을 해주면서다.

그는 자신이 어려운 일을 겪으면서 알게 된 세무 상식을 일면식도 없는 타인에게 도움이 되고 싶다는 생각에서 출발했다. 그렇게 세무 관련 질문을 하는 글이 올라오면 댓글로 답을 해줬다. 그렇게 몇 달 동안 아무런 대가도 없이 누군가를 도와준다는 생각만으로 댓글을 달았다.

그렇게 수백 명이 넘도록 세무 관련 답변을 해주고 상담을 해보니 일정한 패턴을 알 수 있었다. 그래서 그는 더 효율적으로 더 많은 사람에게 답변해 주기 위해서 질문의 범주와 깊이에 따른 분류를 하고 블로그를 통해 미리 예상되는 질문을 포스팅하기 시작했다.

그렇게 계속해서 비슷한 질문이 많아지고 그 질문의 댓글에 해당되는 포스팅의 링크를 걸어주니 기존의 방식보다 시간이 획기적으로 단축되었다. 그래서 계획했던 대로 더 많은 자영업자들을 상담해 줄 수 있었다.

그가 누군가를 위해 아무런 대가 없이 해주던 재능기부는 나를 만나면서 멈췄다. 나는 그의 글을 모아 편집과 교정을 거쳐 책으로 출간될 수 있도록 기획했다. 재능기부를 버리고 돈을 받고 강의를 했고, 출간된 책은 강의 교재가 되었다.

그가 하는 일은 그렇게 세상에 없던 직업으로 자연스럽게 탄생했다.

애초에 그가 이타심을 발휘해 출발했기 때문에 가능한 일이었다.

그러니 망설이는 자여, 출발하라! 이타심으로!

이따금 그도 모르는 질문을 하는 경우도 있었다. 그럴 때는 세무 관련 책도 보고 근처 세무서의 담당 공무원을 찾아가기도 하여 답을 구했다.

많은 사람을 상담하다 보니 블로그 포스팅의 글은 점점 늘어났고, 그의 세무 지식 또한 점점 더 깊어졌다. 천 명 정도 상담을 하고 나니 그의 블로그에는 제법 많은 글이 포스팅되었다.

세금 신고 기간에는 더했지만 지금도 그의 블로그는 하루에 수천 명이 다녀간다.

어려운 세무 용어들을 쉽게 풀어서 설명해 놓은 것이 주효했지만, 정말 다양한 내용들이 담겨 있기 때문이다. 어디 가서 물어봐도 답도 없고, 세무사에게 물어보면 무시당할 내용들까지, 사업을 하다 보면 막히는 부분들이 망라되어 있는 그의 블로그는 개설한 지 2년이 채 지나지 않았다. 이젠 세무사들도 제법 그의 블로그에 들어온다. 심지어 이웃 추가를 하거나 서로 이웃 신청을 하기도 한다.

그의 포스팅을 그대로 베껴간 세무법인 블로그도 있었다.

놀랍지 않은가?

그의 인생 계획에는 책 읽기와 글쓰기는 없었다. 지금 하고 있는 일을 책으로 묶어 보자고 했을 때 '책을 쓰라고? 내가? 어떻게? 말도 안 돼!'라며 손사래를 쳤던 그였다. 하지만 그는 요즘 아침에 눈을 뜨면 습관적으로 한 손에는 책을 다른 한 손에는 펜을 잡는다고 한다.

늘 집에서 채널 주도권을 잡았던 TV는 안 본지 꽤 됐고, 그 좋아했던 야구도 이제 관심이 없다.

누군가를 아무런 대가 없이 돕겠다는 이타심이 결국 그의 콘텐츠를 만들었고, 그 일이 가슴 뛰는 일이 되어 이제는 멈출 수가 없다고 한다.

그는 달리는 폭주 기관차가 되었다. 그러나 그는 누구에게도 위협이 되지 않는 폭주 기관차다. 계속해서 누군가를 위해 이타심을 발휘하는 폭주 기관차다.

02

당신은 '기획 철학'이 있는가?

당신의 기획에도 철학이 있어야 한다.

새로운 사업을 구상할 때, 아니면 새로운 메뉴를 개발할 때에 아무리 생각을 짜내어도 '맞아, 이거야!'라는 생각이 나질 않을 때가 종종 있다.

이럴 때에 당신만의 기획 철학이 있으면 도움이 된다.

누구에게 도움을 줄 수 있을까? 어떻게 도움을 줄 수 있을까?

이러한 사고의 기준이 필요하다.

당신만의 기준, 즉 철학이 있으면 당신만의 기획을 하는데 분명히 도움이 된다.

나는 최근에 'who'에 빠져 있다.

'나의 기획은 누구에게 도움이 될까?' 이것이 나의 기획 철학의 시작이다.

'택스코디'를 기획할 때에도 마찬가지였다.

'영세한 개인사업자들에게 도움을 주자'라는 취지에서 택스코디는 기획이 되었다.

나의 기획 철학을 한 단어로 표현하면 '이타심'이다.

당신은 기획 철학이 무엇인가요?

만약, 없다면 즉시 만들기를 권한다.

철학 없이 단순한 배움으로는 새롭고, 참신한 기획은 어렵다.

남들과 다르게 생각하고, 다르게 기획하기 위해서 기획 철학은 반드시 선행되어야 한다.

당신이 남들과는 다른 차별화된 기획 철학을 가지고 있다면, 당신은 다른 기획자는 흉내 낼 수 없는 당신만의 가치를 제공할 수 있다.

남들과는 다르게 생각된 기획으로. 자연스럽게 당신만이 할수 있는 일을 하게 될 것이다.

마치, '택스코디'처럼 말이다.

03

기획자의 필수 조건

멋진 기획은 생각을 글로 잘 옮겨낸 것이다.

옮겨진 글을 토대로 상대를 설득시켜야 한다.

정리가 안 된 기획을 상대에게 말로써 설명하는 것보다 글로 먼저 정리한 후에 상대를 설득하는 것이 효과적이다.

정리가 안 된 생각은 구구절절해지기 마련이다. 그러다 보면 결국은 생각이 꼬이게 된다.

기획이 엉클어지게 된다.

생각을 글로 옮기는 과정은 중요하다.

당신의 기획이 깔끔하게 정리되면, 상대는 당신의 기획에 집중할 것이다.

멋진 기획서를 쓰라는 소리가 아니다. 양식은 중요한 것이 아니다.

글의 가장 큰 장점은 수정이 가능하다는 것이다.

두서없는 생각들을 글로 흩트려 놓아라. 그리고 순서대로 정리해라.

그 글을 소리내어 읽어 보고, 다듬기까지 한다면 금상첨화다.

아무리 좋은 기획도 생각에 머무른 채 글로 다듬어지지 않으면, 좋은 결과로 이루어질 수가 없다.

사고력을 높이기 위해서 책을 읽어야 하고, 새로운 사고가 떠오르면 글로 표현되어야 한다. 글로 적으면서 다시 생각한다.

이런 자연스런 과정이 당신의 기획을 훌륭하게 만들어 준다.

아무리 좋은 기획안이 머릿속에 떠올라도, 글로 표현되지 않으면 수많은 생각 중의 하나일 뿐이다.

생각하는 일상, 자연스런 글쓰기는 기획자의 필수 조건이 아닐까?

기획은 처음부터 끝까지 머릿속의 생각들로 이루어진다.

그렇다면 누가 기획을 잘할까?

생각의 힘, 즉 사고력이 큰 사람들이라 할 수 있다.

어떻게 사고력을 키울 수 있을까?

나의 경험상, 사고력을 키우는 가장 좋은 방법은 독서다.

더불어 독서는 창의력까지 키워 주니 일석이조라 할 수 있다.

기획은 미리 답을 정해 놓고, 해결책을 제시하는 것이라고 정의하였다.

정해진 답을 찾아가는 과정에서, 문제점이 발견되었을 때 명쾌한 답을 찾는 것이다.

머릿속으로 문제점을 해결할 각종 방법들이 떠오른다. 그중 최선을 선택하는 것이다.

단 몇 줄만으로도 기획은 간단히 정리된다. 기획이란 대단한 것이 아니다.

대단한 것이 아님에도, 누구나 기획자가 될 수는 없다.

사고력이 중요하기 때문이다. 기획이 어려운 것이 아니고, 생각할 수 있는 능력이 부족하기 때문이다.

'제대로 된 기획을 하고 싶어요. 좋은 방법 없을까요?'라고 묻는다면 '책을 읽어 보세요. 그것이 먼저입니다.'라고 답하고 싶다.

독서는 기획자의 필수 조건이다.

04

퍼스널 브랜딩(Personal Branding)

"어느 날 어떤 일에 공명해 떨림을 얻게 되면 그 문 그 길로 들어서라. 의심하면 안 된다. 모두 버리고 그 길로 가야 한다. 그것이 자기 혁명이다."

- 국화빵 직장인이 되지 말라. -

택스코디는 독서를 통해 가슴 뜀을 경험하게 되고, 글을 쓰고 강의를 함으로써 자기 혁명을 하는 중이다. 이전에 하던 일을 다 버렸다. 버릴 수밖에 없었다. 진정으로 자신이 좋아하는 일을 함으로써 행복함을 경험한 뒤로 버릴 수밖에 없었다고 한다.

가슴이 떨리는 이 일은 그에겐 희망이고 꿈이 되었기 때문이다. 부도 이후 실낱같은 희망도 보이지 않았던 그의 삶에 한 줄기의 빛이었다고 한다.

고 구본형 작가님은 이렇게 말씀하셨다.

"가슴 떨리는 길에서 자기만의 삶을 완성하라. 인생은 봄처럼 짧다. 인생을 잘 사는 법은 하고 싶은 일을 하며 사는 것이다. 춤쟁이는 매일 춤춰야 하고 환쟁이는 매일 그려야 하고, 글쟁이는 매일 써야 한다. 춤쟁이가 환쟁이를 하면 가슴이 떨릴 수 없다. 글쟁이가 춤쟁이를 하면 삶을 완성할 수 없다. 이것이 우리들의 비극이다. 다들 엉뚱한 길에서 쩔쩔매면서 산다."

"나의 브랜딩은 어떻게 할까요?", "나의 콘텐츠는 무엇이 좋을까요?"

강의를 마친 후 차를 한 잔 나누는 시간에 가장 많이 듣는 질문이다.

"놀이가 일이 되고, 그 일이 직업이 된다면 가장 이상적입니다. 당신이 무엇을 하면 즐거운가요? 무슨 일을 할 때 당신의 가슴이 뛰던가요?"

나는 그렇게 생각하고 그렇게 답변해 준다. 당신이 가장 좋아하는 놀이를 하면 된다. 그런데 그 놀이가 누군가에게 도움이 되는 것이어야 한다.

그러려면 자신의 문제를 해결하는 방법이기도 해야 한다.

당신이 무엇을 좋아하는지는 당신만이 알 수 있다.

일이 나를 만들어 가고 있는 것인지, 내가 일을 만들어 가고 있는 것인가를 고민해야 한다.

당신이 좋아하는 놀이가 일이 되어야 하고, 그 일을 끊임없이 만들어야 한다.

그것이 퍼스널 브랜딩의 시작이다.

자신을 브랜딩하는 것은 빠르면 빠를수록 좋다.

05

홍보는 필요하다

일을 시작한 지 얼마 안 된 초보라도 꾸준하게 하는 것은 얼마든지 가능하다. 아니 그래야 한다.

택스코디가 누군가에게 도움을 주기 위한 방법으로 블로그를 꾸준하게 포스팅한 결과가 이젠 제법 홍보의 도구로도 쓰인다.

세무 관련 책은 많이 팔리지 않는다는 것을 알면서도 책을 썼다. 그 이유는 앞선 글에서 얘기한 누군가를 돕겠다는 이타심 때문이었다. 그래서 어렵게만 생각하는 세무를 쉽게 풀어 썼다.

책이 출간됨과 동시에 그는 블로그 포스팅을 한 모든 글에 자신의 책을 판매하는 사이트의 링크를 걸었다. 블로그 조회 수가 하루 2천 건 이상 되다 보니, 출간된 지 두 달도 되지 않아 2쇄가 들어간다는 기분 좋은 소식이 들렸다.

전혀 상상도 못 한 일이다. 꾸준히 팔릴 수는 있어도 단기간에 이렇게 팔릴 거라고는 예상하지 못했기 때문이다. 출간 계약을 하는 당시 "많이 팔릴 책은 아니니 너무 기대는 하지 마세요."라고 출판사 대표가 직접 얘기까지 했던 터라 더욱 그랬다.

단지 자신의 이름으로 된 책이 출간되었고, 그 책을 훌륭한 도구로써 활용을 잘해야겠다는 생각뿐이었는데, 책이 2쇄가 들어간다는 사실이 지금도 믿기지가 않는다.

최초 그가 블로그를 개설한 당시만 하더라도 이런 결과를 예측하고 만들지 않았다. 많은 사람을 효율적으로 상담하기 위해서는 블로그라는 형태가 제일 무난해서 꾸준히 매일 한두 건씩 포스팅을 했었던 것뿐이다.

이렇듯 무엇인가를 매일 꾸준하게 하는 것은 엄청난 힘을 발휘한다.

꾸준함이 습관이 되어야 한다. 습관이 되면 으레 하는 것이 되고, 안 하면 찝찝하다.

그는 하루라도 포스팅을 안 하는 날엔 마치 화장실을 다녀와서 뒤처리를 안 한 것처럼 찝찝하다고 한다. 그러기에 습관이 들면 무조건 해야 한다.

"영업을 어떻게 하나요? 홍보를 어떻게 하나요?"라는 질문도 자주 듣는 질문 중의 하나다.

그 답은 꾸준함이다. 꾸준하게 하는 습관을 들이면 저절로 홍보가 된다.

홍보가 저절로 된다는 것은 내가 찾아가지 않아도 나를 찾아오게 만든다. 저절로 영업이 되는 것이다.

당신이 이타심을 갖고 꾸준히 하는 일은 그 자체로 홍보가 된다.

홍보와 영업이 필요하냐고? 그게 유일하게 당신에게 필요한 홍보고 영업이다. 세무사들이 그에게 고객을 소개시켜 달라고 영업을 하기 시작했다. 그는 세무사를 찾아가지 않았지만 그들이 찾아온다.

오늘도 그는 블로그에 포스팅을 했다. 이제 그의 블로그에는 포스팅 개수가 2000개 정도 된다.

포스팅을 하면 할수록 조회 수는 늘어난다.

아마도 그의 다음 책은 훨씬 많이 팔릴 것이다.

06

가격 결정권을 가져라

자신의 몸값은 스스로 결정해야 한다.

경쟁의 길로 뛰어든 당신은 불가능할 수도 있다.

최고의 실력을 갖추고 대체 불가능한 업무 영역을 확보하고 있다면 가능할 수도 있겠지만, 대부분은 그렇지 못하기에 경쟁하지 않는 콘텐츠를 찾아야 하고, 그 일에 매진해야 한다.

세무사가 아닌 사람이 세무 책을 쓴다? 세무사가 아닌 사람이 세무 강의를 한다?

말도 안 될 것 같은 전제를 택스코디는 실현해 버렸다.

경쟁하지 않는 길이기에 그의 강의료는 그가 결정한다. 그는 강의료를 책이 출간될 때마다 오르는 것을 원칙으로 하였다.

재밌지 않은가?

택스코디의 첫 책이 정식 출간 전에는 주문 제작 방식으로 책을 출간했다. 그 당시 그의 강의료는 2시간에 5만 원이었다.

정식 출간 이후에는 두 배로 올렸다. 지금은 100만 원을 받고 있다. 지방의 경우 경비는 따로 받는다. 다음 달 열 번째 책이 나오면 강의료를 200만 원으로 인상할 예정이다.

자신이 제공하는 상품의 가격을 스스로 결정할 수 있는 콘텐츠를 찾는 것이 수익적인 측면에서도 낫다. 그래서 경쟁하지 않는 콘텐츠를 찾는 것은 중요하다.

무료 강의는 가급적이면 하지 말아야 한다. 강의료가 비싸면 비쌀수록 수강생들의 만족도는 더 커진다. 나는 무료 강의는 아예 듣지도 않는다.

오직 예비 창업자만을 위한 독서 모임이 있다.

단순히 창업 교육과 독서만으로는 성공적인 창업을 담보할 수 없다고 판단해서 개설한 모임이다. 그리고 제한 인원은 3명이다. 프리코디와 택스코디 두 명이 함께 진행한다. 가격은 일반적인 독서 모임을 기준으로 보면 상상을 초월하게 비싸다.

주 1회 3개월 과정이 300만 원이다. 가격보다 어떤 가치를 가져갈 것인가가 중요한 것이다. 향후 인상 계획이다.

직업을 만드는 독서 모임도 있다. 택스코디와 북스빌더를 기획하고 난 후에 세상에 없는 자신만의 독점 사업을 만들기 위한 독서 모임을 기획했다. 제한 인원은 1명이다. 잡빌더와 프리코디 두 명이 함께 진행한다.

주 1회 3개월 과정이 600만 원이다. 두 번째 신청자는 1,000만 원으로 시작할 것이다.

택스코디는 부산에 거주한다. 하지만 그의 '쉬운 세무 교육'을 받고 싶은 사람은 전국에 분포한다. 지난주에는 서울에서 교육을 했고, 며칠 전에는 칠곡에서 했다. 파주의 수강생은 포기해야 했다. 그가 전국을 다 다닐 수는 없기 때문이다. 그런데 결국 그가 대구에 있는 부모님 댁에 다녀가는 길에 교육신청을 했다.

그래서 그는 제2, 제3의 택스코디 양성의 필요성을 느꼈다. 그에게 3개월간 교육을 받고 택스코디가 되어 그의 플랫폼을 이용해 사업권을 가져가는 비용은 현재는 1,000만 원에 불과하지만, 1명이 생길 때마다 500만 원씩 인상할 계획이다. 이후 1억 원 이상의 가치가 있을 것이다. 광역시와 도별로 1명씩 양성할 계획이다.

한동안 택스코디는 재능기부의 형식으로 많은 사람을 상담해주었다. 그런데 적잖은 오해를 받았다. 순전히 도와줘야겠다는 이타심으로 한 행동들이 오해를 낳았다.

'분명 무슨 다른 꿍꿍이가 있을 거야', '사기꾼일 거야' 그는 너무 어이가 없어서 힘들어했다. 맥 빠지는 경험이었을 것이다. 곁에서 지켜보는 나도 화가 났을 정도다. 그 일 이후 재능기부는 하지 않는다.

선의가 오해를 낳는 과정들이 견디기 힘들었기 때문이다. 그리고 교육이든 상담이든 비용을 받은 후에 만난다.

이렇듯 자신만의 사업을 시작해야 상품의 가격은 자신이 결정할 수 있는 것이다. 그리고 강의료는 계속해서 올라가야 한다.

누군가를 위해 시작한 일을 꾸준히 계속할수록 점점 더 전문가가 되고, 어느 누구도 하지 않는 강의를 하기 때문이다.

07

당신만의 직업이라면?

자신의 콘텐츠를 잘 알려줄 수 있는 이름을 잘 짓는 것도 중요하다. 평생을 키워낼 거대한 사업을 가볍게 여기지 말아야 한다.

택스코디는 세금을 뜻하는 Tax와 조력자를 뜻하는 Coordivator의 합성으로 'Taxcodi'라는 직업을 만들었다.

세무라는 단어가 주는 무게감이 있기에 비교적 가벼운 느낌의 단어인 코디네이터를 합성하여 '택스코디'라고 지었다.

그의 '어려운 세무/쉽게 배우기'라는 강의 주제와도 잘 어울리는 직업명이다.

직업명은 일단 당신이 제공하는 콘텐츠와 유사성이 있어야 한다. 그리고 부르기가 수월해야 한다. 또한, 네이버에 검색하여 노출이 안 되는 유일한 이름이면 좋겠다.

나는 이 세 가지 원칙으로 직업명을 제안하고 당사자와 논의를 한 후 최종 결정을 한다.

이제는 택스코디를 검색하면 제법 많은 포스팅 글이 보인다. 이렇게 자신의 직업명을 알려 나가면 자신만의 직업이 브랜드로 거듭나게 된다.

택스코디는 세상에서 유일한 직업이자 기획된 퍼스널 브랜딩의 한 방법이기도 하다.

얼마전 EBS에서 강의를 우연히 보았다. 퍼스널 브랜딩의 강의였다.

강사는 '친절한 혜인씨'라는 닉네임을 쓰고 있었다. 특징이 없는 닉네임 같지만 중요한 사실이 숨어 있다. '친절한 혜인씨'의 마지막 글자는 한글이 아니었다. '친절한 혜인C'였던 것이다.

대문자 C의 의미를 그 강사는 비타민 C라고 칭하였다. 비타민 C처럼 항상 생기 있는 모습, 무엇인가 신선한 느낌마저 들지 않나?

더불어 혜인씨는 컬러 마케팅까지 도입하였다. 비타민C 하면 떠오르는 색깔 오렌지색을 들고 다니는 가방, 타고 다니는 차량의 색상 등에 활용하였다.

그 강의를 보고 역시 'TV에 나올만한 강사구나' 하고 순간 무릎을 탁 쳤다.

나의 최고의 강점은 따라 하기다. 즉시 컬러는 레드로 결정했다.

08

독이 되는 것

강사의 가장 강력한 무기는 뭘까?

바로 혼을 담은 말과 진정성을 담은 눈빛이다.

상대에게 글로 표현을 하면 책이 되고, 말로써 표현하면 강의가 된다.

글을 쓰는 작가라면 자기가 쓴 글에 혼을 실어야 한다. 하물며 청중들과 직접 소통을 하는 강사라면 더욱 내뱉는 말에 혼을 실어야 한다.

청중들은 귀신같이 안다. 혼이 실려 있는 표현만이 독자와 청중을 감동시킬 수 있다.

요즘 강사들은 으레 파워포인트를 틀어 놓고 시작한다. 심지어 파워포인트 상의 빼곡한 글들을 읽는 강사들도 간혹 있다.

과연 청중을 감동시킬 수 있을까?

그런 부류의 강사들은 언제나 강의 내용이 동일하다. 심지어 토씨 하나 틀리지 않고 말하는 강사들도 있다. 그건 그냥 수면제와 다름 아니다.

파워포인트가 독이 되는 경우다.

그래서 택스코디는 강의를 할 때 파워포인트를 사용하지 않는다.

이유는 간단하다. 파워포인트를 틀어 놓는 순간 청중의 시선은 분산되기 때문이다. 청중들이 그의 강의에 몰입을 방해하는 요소로 작용할 수 있기 때문이다. 그는 한 명 한 명 시선을 뺏으면서 강의를 한다. 청중들은 오로지 그만 본다. 다른 건 볼 게 없기 때문이다. 다만 판서를 한다. 보드판에 간단히 메모를 하면서 강의를 한다.

그의 강의 만족도와 신뢰도는 엄청 높다. 그래서 또 다른 수익모델을 기획할 수 있다.

당신은 새로운 직업을 기획하기 위해 이타심을 갖고 꾸준히 뭔가를 해야 한다. 그리고 글을 써야 하고 책을 출간하고 강의를 해야 한다.

표현은 자주 할수록 늘게 되어 있다. 그게 글이든 말이든 말이다. 그래서 자주 써야 하고 자주 강단에 서 보아야 한다.

초보라 처음이라 무대에서 청중의 눈빛을 마주하기가 두려울 수 있다. 최고의 해결법은 자주 접하는 것이다.

그리고 초보임을 밝혀라. 강의를 시작할 때 '제가 강사를 시작한 지 얼마 되지 않아서 표현이 조금 서툴 수 있습니다.'라고 양해를 구하고 시작하는 것이 파워포인트를 틀어 놓고 그대로 읽는 강의보다는 훨씬 낫다.

맛있는 강의

강의 관련 책을 보면 꼭 나오는 내용 중의 하나가 말하는 방법이다.

예를 들면 강조할 키워드를 사전에 찾아서 강의 중에 그 단어를 강조해라. 강약 조절을 하면서 얘기하는 문장에 리듬을 타라, 말하는 속도를 일정하게 하지 말고 때론 빠르게 때론 느리게 조절해라, 등이 있다.

이런 설명들이 나쁘지는 않다. 단 의도적이지 않았으면 좋겠다. 그런 것들이 자연스럽게 나와야 한다는 것이다.

나는 강의 중에 진심을 다한다. 한 마디, 한 마디에 혼을 담는다.

그러니 중요한 단어에는 당연히 힘이 실리고, 자연스러운 강약 조절, 말하는 속도 역시 자연스럽게 조절이 된다.

올바른 글쓰기, 올바른 강연법, 그 방법들을 부정하는 것이 아니다. 그보다 선행해야 할 것은 그 글과 말에 혼을 싣는 것이다.

자기만의 진심을 담아야만 독자와 청중과 함께 호흡할 수 있다.

진심을 담은 강의를 하면 강사의 표정 역시 자연스러워진다. 청중과 같이 웃을 수 있고, 때론 같이 울 수도 있다.

가식적인 웃음은 청중도 바로 알아본다.

자연스럽게 청중들과 눈을 추고 그 진심 어린 시선들에 청중은 깊이 공감한다.

스피치 학원에서 청중과의 눈 맞춤을 강조한다. 당신의 강의가 진정성 있는 강의라면 그 눈 맞춤은 자연스러워진다.

나는 강의하는 동안 몰입이 된다. 그 몰입되는 순간은 더욱 청중과 깊이 공감할 수 있다.

강사의 몰입 순간과 청중의 몰입 순간은 비례한다. 그러다 보니 쉬는 시간을 챙기지 못한다. 두 시간 혹은 세 시간을 내리 강의를 하고 나면 다들 시간 개념이 없어지는 경험을 한다.

나는 스피치 학원을 다녀 본 적은 없다.

그 학원에서 말하는 방법, 말할 때의 몸짓 등을 배우는 것을 잘못된 것이라고 하는 것이 아니다. 그보다 선행해야 할 것은 강의의 진정성이다.

이런 식당이 있다. 인테리어도 화려하고 종업원들도 상당히 친절하다. 메뉴판 등 아주 작은 디테일도 나무랄 데가 없다. 심지어 음식을 담은 그릇, 플레이팅도 훌륭하다.

그런데 음식의 맛이 별로라면?

본질이 중요하다.

그런데 대부분 창업을 하면서 본질보다 비본질에 더 신경을 쓴다. 잊지 말자.

본질은 비본질의 100배보다 더 중요하다는 것을!

그렇게 진심을 담은 강의는 맛있다.

진심을 담는데 화려한 프리젠테이션은 필요하지 않다.

오히려 나는 그런 걸 준비해서 강의해 본 적이 없다. 질문만이 내 강의의 본질이다. 내가 제대로 전달하지 못하면 청중은 궁금한 점이 없다. 아는 것이 없는 사람은 질문을 할 수가 없기 때문이다. 그래서 나는 청중이든 수강생이든 질문할 수 있을 정도의 지식을 전달하는 데 온 힘을 쏟는 편이다. 그래서 질문이 터져나오고 그 질문의 답에 또 질문이 꼬리를 물고 질문을 낳는 방식을 선호한다. 그러면 잊을 수 없는 맛을 느낀 청중과 수강생은 스스로 답을 찾는 아주 작은 능력이 생긴다.

나의 강의는 그런 맛을 추구한다.

10

공감해야 믿는다

택스코디가 강의를 시작하는 첫 멘트는 그때그때 다르지만 꼭 하는 말이 있다.

"오늘 이 시간은 참 귀한 시간입니다. 저에게도 여러분들에게도 귀한 시간입니다. 이 귀한 시간을 내주셔서 감사합니다. 한 가지만 당부드리겠습니다. 마음의 문을 활짝 열고 강의를 들어주세요."

강의 중에 제일 힘든 부류를 굳이 꼽자면 마음의 문을 닫고 있는 청중들이다.

그들은 시선 자체가 삐딱하다. '네 놈이 얼마나 잘하는지 보자. 세무사도 아닌 게 세무 강의를 한다고? 하나라도 걸려봐.' 이런 식이다.

그는 강의를 시작하기 전 주위를 한번 둘러본다. 그러면서 그런 부류의 사람들을 빠르게 체크한다. 그런 뒤에 위의 멘트들을 그와 눈을 마주치며 얘기한다. 그러면서 하나만 더 당부한다.

"이왕 귀한 시간 내어 오셨으니, 오늘 강의에서 하나만 얻어

가셔도 이 시간은 가치가 있을 것입니다. 그러니 '무엇을 얻어 갈 수 있을까?'를 한번 고민해 보는 시간이면 좋겠습니다."라는 얘기를 그와 눈을 마주치며 한 번 더한다.

그의 경험상 분명히 효과가 있다. 그러면서 어떻게 그들과 공감대를 형성할까를 고민해야 한다.

그리고 단체 강의는 강의료를 더 올렸다. 그런 사람이 오지 못하도록 말이다.

그는 강의 중에 가끔씩 아니 자주 속어를 쓴다. 물론 청중들이 자주 쓰는 생활 속어이긴 하다. 그 속어들의 사용이 청중들과 더 깊이 공감대를 형성하는 데 도움을 주기도 한다.

그럼으로써 청중과 강사가 동일한 선상에 놓이는 효과를 얻는 것 같다. 그래야 더 깊이 공감할 수 있게 된다.

택스코디의 세무 강의를 듣는 청중들은 '세무라는 것을 가르치면 굉장히 고리타분한 사람일 것'이라는 고정관념을 가지게 마련이다. 그럴 때 그는 이렇게 말한다.

"세무 참 어렵죠? 힘들게 번 돈 나라에 다 꼬라박는 기분. 씨바. 오늘 확 풀어드리겠습니다."

이 한마디에 청중들은 순간 동공에 지진이 발생한다. 그리고 무장 해제가 된다. 그러면 그의 강의에 저절로 몰입하게 된다.

진짜 깬다. 그는 그런 사람이다.

어떤 유명한 강사는 사전에 강의 장소에 미리 도착하더라도 일부러 주위를 서성거리다 정해진 시간에 맞추어 강의실로 향한다고 한다.

사전에 강의실에 도착한다는 것을 모양이 빠진다고도 한다.

내가 보아 온 텍스코디는 유명하지 않아서가 아니라, 강의실에 미리 도착해서 일찍 온 청중들과 소통하려고 노력한다. 사전에 궁금한 점을 미리 물어보고 강의 중에 답을 하기도 한다. 사전에 미리 교감한 몇몇 청중들이 강의 중에 그의 아군 역할을 하는 것을 자주 볼 수 있었다.

청중이 무엇을 원하는 것인지에 대한 고민을 미리 들어보고 그 고민들을 강의 중에 풀어주면 된다.

강의 시간보다 일찍 도착했다면 빨리 강의장으로 들어가 그들과 소통해라.

든든한 몇 명의 아군이 당신의 강연 분위기를 굉장히 편안하게 만들어 줄 것이다.

이미 잘하고 계신 분도 계시겠지만, 유일한 직업을 가질 당신은 특히 그래야 한다.

그들 모두를 당신의 미니 군대microinfluencer로 만들어 버려라.

11

청중의 언어로

세무사들이 하는 세무 강의는 지루하기 짝이 없다.

그들 개개인의 문제는 아니라고 본다. 모든 전문가 집단의 태생적인 한계일 수도 있다.

일단 용어부터가 일반적이지 않다. 국세부과제척기간, 불공제매입의 매입세액공제, 부가가체세는 매출세액에서 매입세액을 차감하는 방식 등 평소에 거의 사용하지 않은 용어들이 많기 때문이다. 익숙하지 않고 귓전에서 헛돈다.

소위 말하는 전문가들의 언어인 것이다. 낯선 용어로 1시간에서 길게는 2시간 정도의 세무 강의를 듣는 청중이라면 졸음이 안 오는 것이 오히려 더 이상하다.

그래서 택스코디는 어떻게 하면 용어부터 쉽게 할 것인가를 고민했다. 예를 들면 '부가가치세는 매출세액에서 매입세액을 차감하는 방식이다.'라는 문장을 이렇게 바꾸어서 강의를 한다.

'사장님들의 세금은 번 돈에서 벌기 위해 쓴 돈을 빼는 방식입니다.'

조금 더 일반적인으로 청중들의 언어로 바꾼 것이다.

강의는 자기의 지식을 자랑하고 뽐내는 강연장이 아니다.

청중과의 원활한 소통을 통해 교감하는 강연이 되어야 한다. 그러려면 우선 언어부터 바꿔야 한다. 철저히 청중의 눈높이에 맞추어 그들이 친숙한 언어로 말해야 한다.

택스코디는 가끔 경어체가 아닌 반어체를 구사하기도 하는데 그런 돌발 행동이 빛을 발휘하기도 한다. 청중이 공감하는 것이다. 비록 어렵고 딱딱한 세무를 주제로 강의를 하지만 이 강사는 자신들과 같은 편이라는 동질감이 생기는 것이다.

전문가의 용어는 전문가들끼리 있을 때만 사용해도 충분하다. 만약 당신이 전문가의 용어를 고집한다면 청중들에게는 낯선 이방인의 언어일 뿐이다.

강연을 못 하는 대부분의 경우는 강사의 지식이 짧아서가 아니라, 자신만의 언어로 하기 때문이다.

대학교수, 변호사, 세무사들의 강의가 지루한 이유는 여기에 있다. 물론 다 그렇다는 것은 아니다.

그들의 강의는 언어부터 청중을 위한 언어가 아닌 것에 문제가 있다. 아까 말한 태생적인 한계에 관한 것이기도 하다.

그들은 '세무는 어려우니 우리에게 맡기라'고 세팅이 되어 있는 거대한 집단이기 때문에 청중들에게 쉽게 알게 하고 싶지 않은 것이다. 그들 고객의 세무 지식의 깊고 얕음이 얼마만큼 포괄적이고 다양할지 알 수 없기 때문에 정보의 차단은 어쩌면 당연한 것이다. 그들의 밥줄이 달린 문제이기 때문이다.

그런 점에서 택스코디의 스탠스는 타의 추종을 불허할 수밖에 없다.

그는 청중에 맞는 언어를 구사하기 때문이다. '어려운 세무를 쉽게 알려줄 테니 스스로 신고해라. 굳이 세무 대리인에게 맡겨야 한다면 알고 제대로 부리라'는 그는 세무 전문가들과 완전히 대척점에 서 있는 것이다. 그래서 그는 누구와도 경쟁하지 않는 유일한 직업을 가졌다.

만약 그와 경쟁하려는 세무사가 있다면 자신이 지금껏 쌓아온 모든 것을 버려야 한다. 그리고 처음부터 다시 시작해야 한다.

과연 그럴 만한 용기가 있을까?

있다면 덤벼 보면 된다.

언제나 당신의 건투를 빈다.

12

뇌를 조종해

우리는 우리가 생각한 만큼의 삶을 살아간다.

뇌를 공부하면 할수록, 일전에 책을 통해서 배웠던 머피 박사의 잠재 이식 이론이 맞을 것이라는 강한 확신이 든다.

뇌는 굉장히 수동적이다. 그래서 당신이 본 것만 믿게 되고, 당신이 느낀 그대로를 받아들일 뿐이다.

뇌란 놈은 긍정과 부정을 구분조차 못 한다. 예를 들어 '난 커피가 정말 싫어.'라고 말하면 그 싫은 커피가 머릿속으로 그려진다. 뇌가 긍정과 부정을 구분한다면 당연히 당신이 싫어하는 커피는 그려지지 않아야 한다.

뇌는 상상과 현실도 구분하지 못한다고 한다. 예를 들어 아주 시큼한 레몬이 당신의 옆에 있다고 상상을 해 보라. 레몬이 당신의 입속으로 들어가지 않았음에도 벌써 당신의 입속에는 침이 가득 고인다.

뇌는 진실이 무엇인지 알 수도 없고, 또 알 필요도 없고, 중요하게 생각하지도 않는다. 그러기에 당신의 인생은 당신이 상상하는 딱 그만큼만 현실이 된다.

열린 마음으로 사고하라!

당신이 책을 본다고 가정해 보자. '아, 읽기 싫은데. 읽어 봐야 별거 있겠어?'라고 생각하고 읽으면 진짜 그 책은 별것 없는 책이 된다.

반대로 '난 이 책을 읽고 좀 더 멋진 삶을 살 거야.'라고 생각하고 읽으면 순간순간 당신의 뇌는 최선을 다해 집중할 것이다.

그런 공부를 해서 그런지 강의를 시작하기 전에 항상 하는 말이 있다.

"마음을 활짝 열어 주세요. 그래야 저의 강의가 당신의 것이 됩니다."

우리는 우리가 생각한 만큼의 삶을 살아가게 된다.

나는 오늘도 즐거운 상상을 한다. 연초록 잔디가 잘 다듬어져 있는 이국의 넓은 마당, 야외 벤치에 택스코디 부부와 우리 부부 넷이 함께 앉아서 저 멀리 절벽 아래 잘게 부서지는 파도를 보며 와인과 함께 과일들을 먹으며 담소를 나누는 그런 상상을 한다.

상상과 현실을 구분조차 하지 못하는 뇌를 잘 조정해서 그 상상을 현실로 만들어 보자.

13

그들을 위해 무엇을 할 수 있을까?

무슨 일을 해야 할지 선택함에 있어서 남에게 도움을 주는 일을 찾아야 한다.

잘사는 것은 결국 남을 돕는 삶이다. 상대에게 당신의 재능이 도움이 될 때 당신의 가치가 올라가고 그에 따르는 대가를 얻는다.

끝없이 고민해라.

'나는 타인에게 어떤 도움을 줄 수 있을까? 어떤 일을 하면 상대에게 도움이 될까?'

상대에게 도움이 될 수 없는 일은 결코 당신의 삶을 풍요롭게 할 수가 없다.

상대가 당신의 재능을 인정하고 그 일로 상대에게 도움을 줄 수 있다면 그들은 당신을 점점 많이 찾을 것이고 부는 자연스럽게 따라오기 마련이다.

어떤 일을 해야 '돈을 많이 벌까?'를 고민하지 마라.

돈이 자연스럽게 따라오게 만들 줄 알아야 한다.

'어떻게 하면 돈을 벌 수 있을까?'라는 생각은 아예 지워버리고, 당신을 필요로 하는 사람들에게 어떻게 당신 자신이 값지게 활용될 수 있을까를 생각해야 한다.

때론 그럴 수도 있다. 당신의 재능으로 상대에게 도움을 주었음에도 대가를 받지 못할 수도 있다. 그래도 그 상대의 진심 어린 '고맙습니다.' 한마디가 어떤 대가보다도 크다는 경험을 할 수도 있다.

대가를 목적으로 도와주어서도 안 된다. 살다 보면 대가를 못 받는 경우도 가끔 생기게 마련이다.

잘 사는 것은 남을 돕는 삶을 살아가는 것이다.

세상에 없는 일을 만드는 기획의 출발은 그렇게 시작되어야 한다.

 14

메모할 준비가 되어 있는가?

한 가지 생각을 오래하고, 그 생각에 빠져 있다 보면 아이디어란 놈는 예고하지 않고 불쑥 튀어나온다.

이런 아이디어는 더할 나위 없는 좋은 기회로 연결이 된다.

아이디어란 놈이 찾아오는 즉시 메모를 해야 한다. 머릿속의 생각은 오래가지 못하기에 가능한 한 빨리 메모를 해야 한다.

메모는 다시 정리되어야 한다.

메모를 구체적으로 풀어가는 과정이 꼭 필요하다. 흔히 말하는 기획안을 적는 것이다.

기획안을 적을 때는 기획서라는 양식이 중요한 것은 아니다. 일단 글로 풀어 놓고 정리하는 것이 중요하다.

정리가 되어 있는 글들은 대화가 가능하다.

'여기는 좀 부실한 것 같아. 이것이 빠져 있네.'

부실한 내용을 보충해 가고, 누락된 부분을 채워 나가는 것이다.

고민 끝에 떠오른 아이디어를 놓치지 않고 메모하고, 그 메모를 글로 풀어 가고, 글을 수정하는 이 행위가 기획의 정리 방법이다.

기획은 정리되어야 한다.

"방금 좋은 생각이 떠올랐어. 내 생각을 들어 봐."

정리되지 않은 생각은 상대를 설득시키기도 힘들 뿐더러, 예상치 못한 난관에 부딪히기도 한다.

생각을 글로 정리하는 습관은 다른 기획을 하는 당신에게는 아주 좋은 습관이 될 것이다.

메모할 준비가 되어 있는가?

당신의 아이디어는 늘 예고 없이 찾아온다.

15

다른 기획을 꿈꾸는가

식상한 기획은 수명을 다한 것이다. 기획은 늘 새로워야 한다.

기획자는 늘 새로움을 추구하는 창의적인 사람이어야 한다.

다행히 창의력은 소수만이 누리는 특권은 아니다.

기획의 영감은 예상치 못했던 찰나의 순간에 떠오를 수도 있고, 치열하게 몇 날 며칠을 고민하던 끝에 떠오를 수도 있다.

새로운 기획을 잘하려면 기획자는 창의력이 뛰어나야 한다.

창의력을 키워 주는 교육 기관이 있을까?

창의력을 키우는 힘은 독서에 있다. 꾸준한 독서는 당신의 창의력을 키워 준다. 우리가 독서를 멈출 수 없는 이유이기도 하다.

'우리는 딱 우리가 알고 있는 것까지만 안다.' 당신의 의식을 키우는 독서를 통하여 앎의 범위를 넓혀라. 당신의 창의력은 마르지 않는 우물이 될 것이다.

하늘 아래 새로운 것은 없다고 했던가? 그렇다, 새로운 것은 없을 수도 있다.

하지만 세상은 그렇게 발전해 왔다. 이미 있는 것을 새롭게 바꾸면서 말이다.

끊임없이 읽어라. 그리고 영감을 얻어라.

다르게 생각하는 훈련을 해야 한다. 그건 책을 통해서도 가능하고, 다르게 생각하는 일에 능한 사람에게 배우는 것으로도 가능하다. 그러려면 또 읽어야 한다.

결국은 독서가 답이다.

세상에 없는 일을 만들기를 원하는가?

그렇다면 당신이 지금 그리고 꾸준히 해야 할 일은 독서다.

16

책 한 권 없는 도서관?

책이 한 권도 없는 도서관이 있다.

도서관에 책이 없다니, 말이 되는가?

'이소이 요시미쓰'는 동네 도서관 붐을 일으킨 장본인이다. 동네의 10평 남짓 되는 작은 사무실을 개조하여 처음 시작하였고, 몇 개월이 지나서 일본 전역에 수백 개의 동네 도서관을 만들었다.

그는 심지어 책이 한 권도 없는 도서관도 만들었다.

도서관 하면 으레 생각나는 고정관념이 있다.

도서관은 책을 빌려 보고, 읽는 곳이다. 도서관은 조용해야 한다.

그는 이런 고정관념을 산산이 부숴 버렸다. 다르게 생각하여 기획한 것이다. 이소이 방식의 동네 도서관은 발상을 전환한 것이다.

사람들은 그의 도서관을 방문할 때 책을 가지고 와서, 그곳에 온 누군가와 생각을 말하고 대화하고 토론한다. 책을 바꿔 보기도 하고 기증도 한다.

저자와 독자는 그곳에서 수시로 소통한다.

멋진 소통의 장이 생긴 것이다.

최근 우리나라에도 이런 형식의 북카페들이 생겨나고 있다.

그런데 이소이 동네 도서관과는 사뭇 다르다. 책방에서 커피나 주류를 파는 느낌?

난 북카페들이 조금 더 시끄러웠으면 한다. 이소이의 도서관처럼 토론의 장, 소통의 장이 되었으면 한다.

도서관의 혁명을 꿈꿔 본다.

우리나라에도 '책 한 권 없는 도서관'이 생기는 날을 소망한다.

17

도전해야 이룬다

세상에 없는 일을 기획하고 싶은가?

멋진 기획안이 있다면 즉시 도전해야 한다.

택스코디가 했듯이 대가를 바라지 않고 도와줘도 되고, 대가를 받고 도와줘도 된다.

중요한 것은 머릿속의 기획, 컴퓨터 화면 속의 기획이 아니라 실행하는 기획이어야 한다는 것이다.

때론 그 과정들이 쉬운 내리막이 아니라 힘든 오르막일 수도 있다. 그렇다 하더라도 걱정하지 마라. 당신이 좋아서 하는 일이라면 오르막쯤은 문제가 되지 않는다.

인생에서 가치 있는 것은 모두 오르막이다.

인생에서 가치 있는 것, 당신이 소망하고 이루고 싶은 것, 당신이 누리고자 하는 것은 모두 오르막이다. 문제는 대부분의 사람이 꿈은 오르막인데, 습관은 내리막이라는 사실이다.

- 인생 단어 -

그동안 너무 편안하게, 습관대로 살아왔던 것은 아닌가?

좀 더 나은 삶을 원하고, 더 좋은 결과를 원한다면 당연히 힘들어야 하고, 고되고, 때로는 험난하고 가혹한 오르막길을 걸어야 하지 않을까?

굳어진 습관대로 사는 것은 매우 편하고 쉬운 일이다. 그러면 어떠한 괄목할 만한 성과도 만들 수 없다.

어떤가?

가치 있는 일을 이루기 위해서 도전하라!

PART
03

다르게 생각하기

01

이기심에서 출발하라

이타심에서 출발하라더니 웬 이기심? 이타심의 시작은 결국 이기심이기 때문이다. 궤변 같지만 차근차근 읽어 주기 바란다.

창업을 하는 사람들을 만나보면 그들이 가진 가장 두꺼운 벽은 '고객이 왕'이라는 것이다.

그들은 고객을 위해 더 좋고 더 싸게 더 많이 주려고 시도한다.

그런데 그것이 과연 진심일까? 만약 진심이라면 그건 자선사업이다.

세상에 어떤 미친 놈이 남 좋은 일 시키겠다고, 가진 재산 몽땅 털어서 하루에 열두 시간 이상 몸이 부서져라 일하면서, 고객과 자신이 고용한 직원이나 알바에게까지 온갖 고초와 수모를 겪어 가면서 살고 싶겠는가? 그건 위선이다.

더 잘 먹고 잘살기 위해서 시작한 창업을 자선사업으로 둔갑시키고 결국 모든 걸 잃는 방식을 택하는 이유는 고객이 왕이라는, 그들을 위한다는 위선으로 시작했기 때문이다.

솔직하게 말하자! 더 잘 먹고 잘살기 위해 시작하는 것이 창업이다.

그래서 사장이 왕이어야 한다. 당신이 왕이어야 한다.

애초에 고객을 위해 창업을 하는 것이 아니다.

당신을 위해서 하는 것이다. 당신이 더 잘 먹고 더 잘살기 위해서다.

그래야 진짜 행복하게 일하면서 살 수 있다.

그래서 당신이 하고 싶고 좋아하는 일로 시작해야 한다.

당신이 해결하고 싶은 문제를 해결함으로써 당신이 살고 누군가를 감동하게 해 그들도 사는 것이다. 하나같이 비슷한 맛과 모양과 가격의 치킨과 빵과 피자와 파스타, 굽고 삶고 튀긴 고기와 흔해빠진 싸고 맛없는 커피에 질렸다면 그래서 당신이 행복한 취향의 상품들로 탄생시킬 수 있는 방향으로 창업을 꾸려나가야 한다.

세상에 널린 공장에서 찍어낸 것처럼 천편일률적이어서 질리는 것들 말고 당신에게 꼭 필요한 것을 찾아야 한다.

그게 뭐든 상관없다.

정말 멋진 땅을 사고 싶을 수도 있고, 소중한 아이에게 오직 경쟁으로 점철된 입시지옥 말고 열린 사고로 더 넓은 세상을 보여주고 싶을 수도 있다.

일상생활에서 자주 만나는 불편함을 해결하고 싶을 수도 있다. 당신을 위해서 말이다.

그 모든 일들을 시작하기 전에 무조건 당신이 수월한 방식을 고민해야 하고, 더 적게 일하고 더 많이 버는 방법을 찾아야 한다.

그러면 행복해진다. 행복해질 수밖에 없다. 오직 당신이 행복해지기 위한 방법만을 고민하기 때문이다. 그래서 철저히 이기적인 창업을 해야 한다.

달러쉐이브 클럽의 창업자 마이클 더빈은 매번 면도날 사러 가는 게 귀찮은 데다 터무니없이 비싼 질레트가 싫어서 사업을 시작했다. 그 결과는 거대하다. 1조 원에 매각했으니 말이다.

그것도 불과 창업한 지 7년 만에 놀랍지 않은가?

비슷한 업체들이 우후죽순으로 생겨나는 건 신경 쓰지 말자. 너무 과격한(?) 예가 될지 모르겠지만 자신을 위해 시작한 사업들이 결국 성공한다. 그런데 그 사업 역시나 결국엔 경쟁 상대는 생기게 마련이다. 그러니 애초에 경쟁 상대가 생길 수 없는 방식이어야 한다.

그래서 이기적으로 창업해야 하는 이유는 분명하다. 밖이 아니라 안에 집중해야 하기 때문이다. 다시 말하지만 고객이 아니라 자신을 먼저 생각해야 한다.

앞서 설명한 것과 같이 당신의 거대한 욕심을 먼저 채우면 고객들의 욕구는 저절로 채워진다.

밖에 집중해서 고객을 먼저 생각하고 그들을 위한다는 명분으로 시작하는 사업은 이용당하기 마련이다. 지금 고객을 왕으로 생각하는 모든 창업자의 고초는 그렇게 시작된 것이다.

그러지 않기 위해서라도 이기적으로 사업해야 한다.

왜 이기적인 사업가가 되어야 하는가?

그것은 당신이 이기적이지 않기 때문이다.

이기적이지 못하기 때문이다. 이기적인 사람은 이기적이 되려고 노력할 필요가 없다.

자신은 절대 사기 치지 않는다는 말을 하는 사람을 조심해야 한다. 스스로 착한 기업이라고 하는 기업을 조심해야 한다.

세상에 널린 사회적 기업의 본질은 무엇일까? 서로 사회적 기업이라고 떠드는 회사는 비영리 기업일까?

스스로 도덕적이라고 하는 사람을 조심해야 한다. 스스로 착하다고 하는 사람을 다시 봐야 한다.

이기적인 목표는 무엇인가?

나중이 아니라 지금에 집중해야 한다.

남이 아니라 내 문제점을 나중이 아니라 지금 풀어야 한다. 그것을 풀기 위해 창업을 해야 한다.

그래서 이기적으로 창업을 시작해야 한다.

그래서 풀어야 할 문제가 많은 사람일수록 사업하기 좋다. 할 수 있는 아이템이 많다.

우리는 뭔가 부족한 것, 채워야 할 것, 꼭 가져야 하는 것이나 갖고 싶은 것을 결핍이라고 부른다. 하지만 나는 결핍은 적극적으로 선택해야 할 인생의 축복이라고 말한다.

결핍이 많을수록 진짜 행복한 삶을 살기가 쉬워진다.

세상이 정한 기준에 철저히 못 미치는 당신은 가난한가? 지방대 출신인가? 학벌이 없는가? 별 볼 일 없는 삶을 살았는가? 못생겼는가? 말주변이 없는가? 키가 작은가? 루저인가? 외톨이인가?

그 모든 세상이 정한 결핍을 갖고 있다면 정말 축복받은 것이다. 당신은 정말 할 수 있는 사업이 많기 때문이다. 철저히 이기적으로 사업할 수 있다.

그래서 자신의 문제를 해결하면 그 자체가 상품이 되고, 그것을 필요로 하는 사람들의 문제를 해결하게 된다. 이기적인 것의 극단은 결국 이타적인 것이다. 그래서 모든 창업의 시작은 이기적이어야 한다.

이기적으로 사업해라. 당신이 항상 제일 중요하다.

그런 다음 이타심을 발휘해라.

알고 보면 택스코디도 자신이 부도 전후 지옥 같은 삶을 살 때 자신을 도와준 은인의 '받은 만큼 비슷한 처지의 사람들에게 베풀라'는 조건을 지키면서 살기 위해 대가 없이 남을 도왔다.

그도 자신부터 살아야 했다. 이렇게 이기심과 이타심은 극단에서 통한다.

그러기 위해서는 오직 하나만 함으로써 더 적게 일하고 더 편하게 더 많이 벌 수 있다. 그러다 보면 그 하나를 제대로 하게 된다.

그것은 내가 편하기 위해 고객의 선택권을 박탈하는 것이라고 표현하지만, 그럼으로써 그들의 고민을 덜어 주고 더 품격 있는 상품을 얻게 되는 이타적인 결과를 가져온다.

결국, 이기적인 결정으로 이타적인 결과물이 나오는 것이다.

더 적게 일하기 위해 영업 시간과 판매 수량을 줄일수록 고객들은 더 열광한다.

당신이 더 적게 일하기 위해 발휘한 이기심에 고객들은 더 열광적인 팬이 된다.

심지어 더 멀리서도 당신의 상품을 얻기 위해 오기도 하고 몇 시간이고 기다리기도 한다.

그들은 그런 수고로움을 마다하거나 불평하지 않는다. 그저 당신이 제공하는 그 단 하나의 품격 있는 상품을 살 수 있음에 감사하게 된다.

더 많이 벌기 위한 당신의 이기심을 채우기 위해 다른 사람들보다 턱없이(?) 비싸게 팔아라.

당신의 고객들 역시 어디서도 구하기 힘든 품격 높은 상품을 제공받은 것에 대해 감사히 생각한다. 당신의 이기심으로 이타적인 결과물을 만나게 되는 이치다.

소니의 '퀄리아'의 실패는 반면교사가 되기에 충분하지 않을까?

02

사람들의 반대를 즐겨라

보통 사람들과 다르거나 혹은 반대로 생각을 하거나 행동하면 많은 반대에 부딪히기 마련이다. 지금 이 책에는 갖고 있는 생각과 반대되는 온갖 글들이 난무하다.

다르게 생각하는 것은 반대로 생각하는 것과 다르기도 하고 같기도 하다.

그리고 비교적 가까운 지인이나 가족의 격렬한 반대에 부딪히면 또 그만큼 쉽게 포기하기도 한다.

항해를 할 때 내가 나아가려는 방향에서 나를 향해 불어오는 바람을 역풍이라고 한다.

나를 향한 반대다. 그 결정이 무모하다고 생각할수록 그들의 반대는 거세다.

뒤에서 불어오는 바람은 순풍이다. 나를 지지하고 찬성하는 사람들이다. 대부분 사람들이 생각한 내용과 비슷하다면 순풍을 만나게 된다. 그게 선호하는 방향일지도 모른다.

만약 당신이 탄 배가 오직 바람을 이용해서만 앞으로 나아갈 수 있는 무동력선이라면 순풍과 역풍 중 어느 바람에 항해하고 싶겠는가?

당연히 순풍에 항해를 하고 싶지 않을까? 누가 역풍에 항해를 하고 싶어 하겠나?

세상을, 아니 주변을 한 번 둘러보면 알 수 있다.

당신 주변의 대부분의 사람은 순풍을 좋아한다. 동의해 주기를 바라지, 반대하기를 바라지는 않을 것이다. 당신부터 그럴 것이다.

순풍에 항해하고 싶어 하지 역풍에 항해하고 싶어 하지는 않는다.

하지만 지금 내가 하고 있는 얘기들은 실행에 옮기기도 전에 역풍을 맞게 된다.

그 역풍의 주된 세력은 당신을 진정으로 아끼고 사랑하는 사람들일 가능성이 매우 높다.

지금 내가 하고 있는 창업에 관한 얘기들은 대부분의 사람이 생각하는 것과 다르거나 반대에 해당하는 것들이다.

하나만 팔라느니, 비싸게 팔라느니, 홍보하지 말라느니, 상권 분석을 하지 말라느니 하는 말들이다. 그래서 반대를 많이 한다. 그래서 그런 식으로는 출발조차 못 하게 된다. 역풍에 항해하고 싶은 초보 항해자는 없기 때문이다.

그래서 더 큰 기회가 있다. 대부분이 선택하지 않기 때문이다.

인류 역사는 그렇게 발전해 왔다.

남들이 안 된다고, 말도 안 된다고, 불가능하다고, 미쳤다고 하는 일을 해낸 사람들이 불편한 것들을 해소하면서 이뤄왔다.

하늘을 날고, 지구 반대편에 있는 사람과 영상 통화를 하고, 곧 우주도 자유롭게 왕래할 수 있을 것이다. 일론 머스크는 스티븐 호킹 박사의 주장이 없었더라도 스페이스 X를 실현시키고자 했을 것이다.

너무 거창한가? 그들이 이룬 성과에 비해 당신은 턱없이 부족하다고 생각하는가?

전혀 다르지 않다.

소중한 아이의 안전을 위해 날개 없는 선풍기를 만들고, 사랑하는 아내의 손을 다치지 않도록 안전한 캔 뚜껑을 개발했다.

반값 면도날이 등장했고, 휴대폰과 캠코더의 방수 케이스도 불티나게 팔린다. 각종 1회용 포장 상품에 '이지컷'이라는 편리함을 정착시켰다.

당신이 기존의 대부분 창업자들과 전혀 다른 방식으로 이기적으로 창업을 한다면 오래지 않아 이룰 수 있는 거대한 목표가 된다.

세상이 정한 기준이 공고한 시스템이 되었다.

대부분의 사람이 그 기준에서 벗어나는 것을 두려워한다. 고등학교는 졸업해야지, 대학은 나와야 사람 구실 하지. 인간이기

이전에 고등학생이라는 궤변을 당연하게 받아들이는 세상에서 명문대를 졸업해야만 사람대접받는다는 굴레를 벗어던지려고 하면 매서운 역풍을 맞게 된다. 자퇴를 고민하는 수많은 청소년이 우울증에 방황하고 있다. 그들의 아픔은 부모라는 역풍 때문이기도 하다.

그다음엔 안정적인 삶을 위한 취직이고, 결혼이고, 출산과 육아라는 기준이 있다. 세상이 정해준 그 기준은 맞추기 여간 어려운 것이 아니다.

그다음이 내집 마련의 꿈인가? 그런데 대부분 꿈도 못 꿀 일이다. 그러니 소유보다는 공유를 꿈꾸는 것이 훨씬 가능성이 높다. 그런 매트릭스 같은 틀에서 벗어나려면 역풍을 맞게 된다. 정신차리라는 말만 지겹게 듣게 될 것이다.

세상은 빛의 속도로 변한다고 하지만 사람들의 의식 수준은 그에 못 미치는 거니까 어쩌면 당연한 일일 수도 있다.

그러니 더욱 역풍을 두려워할 필요가 없다.

항상 답은 정해져 있다.

읽기만 하는 자가 아니라 도전하는 자가 이룬다.

대부분은 거대한 역풍에 냉소적이기 때문에 시도조차 하지 않기 때문이다.

그게 되겠어? 그런다고 되겠어? 달라지겠어? 책 많이 읽는다고 그거 다 외워지나?

대부분의 사람이 순풍을 택하는 방식은 남들 하는 대로 하는 것이다. 반대에 부딪히고 싶지 않기 때문이다.

공부도, 대학도, 취직도, 결혼도, 출산도, 육아도 비슷하다.

그러다 창업을 해야만 하는 시기를 만나게 된다. 전 세계가 단 한 번도 겪어 보지 못한 전염병이 전혀 의도하거나 계획하지 않았던 강제 휴직이나 실직 상태로 내몰았다. 그래서 그 창업 역시 남들 하는 대로 한다. 괜찮을 것 같다고 하는 것을 한다. 대부분 프랜차이즈다. 그리고 아주 짧은 시간 안에 망한다. 지금도 망하고 있다. 아주 빨리.

순풍을 택하는 사람들이 만나는 결말이다.

순풍에 항해하길 원한다는 것은 경쟁한다는 것이고 치열하게 살아야 한다는 것이다. 지금 자영업자들은 '삶을 갈아 넣고 있다'는 표현을 쓰고 있다.

과연 그래야만 할까? 그렇게 치열하게 살다가 뭘 어찌하기 힘든 나이가 되면 후회한다.

되돌릴 수 없는 후회를 하는 사람들을 보면서도 대부분의 사람은 달리 방법이 없어서 위안 삼아 로또나 사면서 순응하고 살아간다.

그게 당연한 거라고 생각한다.

괜히 잘 못 했다가 실패라도 하면 큰일 날 것 같으니까 말이다. 큰일 안 난다.

그래서 역풍에 항해를 하는 것은 결과적으로 쉽다.

대부분 하지 않기 때문에 경쟁하지 않고 보다 수월하게 성공하는 것이 가능하다.

물론 처음이 어렵다. 일단 반대가 심하다. 심한 경우에는 인연을 끊고 살 수도 있다, 가족이든 친구든.

반대를 뚫고 시작해 보면 알 수 있다. 스스로가 준비가 되지 않았다는 것을, 더 성장해야 한다는 것을.

그럼 포기해야 할까?

더 노력해야 한다. 그러면 방법을 찾게 된다. 어떻게 해야 완성도를 높일 수 있을지 고민하게 된다. 어떻게 하면 지금 당면한 문제를 해결할 수 있을지 방법을 찾는다.

그런데 준비 잘해야 한다고 돈부터 쓰면 안 된다.

돈을 안 쓰고 시작해야 버틸 수 있다. 길고 모진 세월이 될 수 있다.

간혹 묻는 사람들이 있다.

그 기간이 얼마나 걸릴까요?

그건 대답해 줄 수 없다. 우물가에서 물 긷는 아가씨에게 산 넘는 데 얼마나 걸리냐고 물어보는 선비와 모른다고 말하는 아가씨의 대화와 같은 이유다.

그것은 선비의 걸음걸이와 같이 오직 당신 하기 나름이기 때문이다. 당신의 보폭은 얼마나 큰가. 걸음걸이는 얼마나 건실한가. 얼마나 꾸준할 수 있는가.

물론 실패할 수도 있다. 처음이라면 당연히 실패한다고 생각해야 한다.

결과적으로 성공해서 이슈가 된 사업들도 처음엔 모두 어려운 길을 걸었고, 파산 위기도 있었고, 실패했고, 개선하고 성공했다. 맥도날드의 레이크록도 그랬다. 수많은 도전과 실패 후에 이룬 성과다.

그 실패의 원인마저도 분석해 내면 성공의 디딤돌이 된다.

그래서 결국 제자리를 찾는다. 역풍에 항해를 한 것이 결과적으로 성공한다는 것을 알게 되기 때문이다.

역풍은 정면 돌파는 할 수 없다. 뒤로 밀리기 때문이다. 45도로 비껴서 측면으로 돌파해야 한다.

그리고 거센 역풍에 뒤집어지거나 돛대가 부러지지 않도록 꽉 잡고 균형도 잘 잡아야 한다.

그렇게 힘겨운 시간을 보내야 한다. 그리고 점점 실력이 늘어가고 역풍에 익숙해질 때가 온다.

그렇게 익숙해지고 역풍을 자유롭게 다룰 수 있게 되면 바람의 속도보다 더 빠르게 달릴 수 있다.

그리고 점점 더 빨라진다.

그 옛날 바다를 호령했던 바이킹도, 현재의 요트 선수들도 역풍에 더 잘 달렸다.

그러다 역풍이 멈추고 순풍이 불면 어떻게 될까?

휴식 같은 시간이 될 것이다. 콧노래를 부르며 휴식을 취할 수 있다.

그러다 순풍마저 멎으면?

한가로이 낚시를 즐길 수 있게 된다.

만약 당신이 순풍에 항해를 하고 싶다면 대부분의 사람과 함께 출항을 해야 한다는 뜻이다.

순풍은 배를 움직이게는 하지만 어느 순간 배가 조금씩 빨라지고 나면 바람이 더 세게 불지 않는 이상, 더 이상 속도가 늘지 않는다. 고만고만한 상대들과 치열한 경쟁을 하고 있다.

그리고 순풍 이상의 속도로 나아갈 수 없다.

그러다 순풍이 멈추면? 불안해진다.

남들보다 조금이라도 더 많이 더 빨리 가기 위해 노를 저을 것이다.

젓는 노력에 비해 속도는 느리고 지쳐간다.

지금 더 많이 더 열심히 일하고 있는 사람들의 모습이다. 삶을 갈아 넣고 있다. 그들의 삶은 불안의 연속이다. 순풍이 어제 멈출까 노심초사, 좌불안석이다.

순풍에만 항해를 해 본 사람이 역풍을 만나면 어떻게 될까?

역풍을 한 번 맞으면 돛대가 부러지거나 뒤집어져 버린다. 그리고 다시 회복해서 항해하기 어렵다. 코로나는 역풍의 한 종류

일 뿐이다. 좀 더 거칠고 파도가 높을 뿐이다. 역풍은 끊임없이 온다. 마치 파도처럼.

자, 그럼 다시 한번 생각해 보자. 순풍과 역풍, 어느 바람에 돛을 올리고 항해를 시작하고 싶은가?

03

결핍의 진짜 의미

총을 안 들고 전쟁터에 나간다는 게 무슨 뜻일까?

총알받이가 되겠다는 뜻일까? 얼빠진 미련한 놈이라는 뜻일까?

보통 그런 말은 상식적으로 도저히 납득이 안 되는 행동을 하는 사람들에게 쓰는 말이다.

가방을 안 들고 학교에 간다거나, 여권을 놔두고 해외여행을 가려는 사람들을 보면 한심하다는 생각을 하게 된다.

나는 어떤 영화를 보고 이제 그런 말을 하지 않기로 다짐했다.

실제로 총을 안 갖고 전쟁터에 갔고, 최고의 전쟁 영웅이 된 군인이 실제로 있었기 때문이다.

그의 이름은 데즈먼드 도스.

그는 종교와 연관된 특별한 개인적 신념이 있었다.

절대로 사람을 해하는 폭력을 쓰지 않겠다는 것이 그의 특별한 신념이었다.

그는 제2차 세계대전 발발 당시 미군에 의무병으로 자원 입대했다.

그는 사람을 죽이기 위해서가 아니라, 사람을 살리기 위해 군대에 간다고 말했다.

그리고 모든 군사훈련을 받되, 총을 비롯한 어떠한 무기도 들지 않겠다고 선언했다.

군대와 동료들은 그를 조롱하고 억압했고, 온갖 폭행을 자행했다. 누구도 견디기 힘든 시간임이 분명하다. 총을 잡거나 전쟁에 나가지 않을 것이다. 하지만 그는 자기를 향한 모든 조롱과 억압을 뚫고 기어이 총을 들지 않고 전쟁터에 갔다.

그리고 오키나와에서 가장 치열했던 핵소 고지 전투에서 죽을 수밖에 없었던 75명의 목숨을 혼자서 살려냈다. 심지어 일본군도 구해낸다.

이 업적을 기려 미국은 그에게 총을 들지 않은 군인 최초로 미군 최고의 영예로 불리는 명예훈장을 수여했다.

데즈먼드 도스의 이 이야기는 2016년 할리우드에서 멜 깁슨 감독의 영화 〈핵소 고지〉라는 제목으로 제작되어 전 세계에 개봉되었다.

도스 본인은 땅속에 묻힌 이들이 진정한 전쟁 영웅이라며 수많은 영화화 제의를 거절해 왔으나, 이 이야기를 후세에 전해야 한다는 끈질긴 설득 끝에 70년이 흘러 영화화된 것이다.

데즈먼드 도스는 군인은 총을 들어야 한다는 모두의 고정관념과 싸워서 승리했다.

그는 총 안 드는 군인이 있음을 증명했고 그러고도 전쟁 영웅이 될 수 있음을 전 인류에게 보여주었다.

그가 수많은 전쟁 영웅 중에서도 가장 돋보이는 전쟁 영웅이라고 생각한다.

그런데 그는 어째서 총을 안 들었을까?

단순히 종교 때문이라면 그는 군대에 지원 안 하면 그만이었다. 그런데 굳이 지원해서 입대한다.

영화를 보면 알겠지만, 억지로 군대에 갔어도 전쟁터에 안 나가면 그만이었다.

그는 얼마든지 총을 들 수 있었지만, 일부러 총을 안 드는 결핍을 적극적으로 선택했고 위대한 영웅이 되었다.

나는 결핍에 대한 얘기를 자주 한다.

'결핍'이라는 단어를 말하면 떠오르는 게 있는가?

나한테 없는 것, 부족한 것, 꼭 있어야만 할 것 같은 데 없는 것, 채워야만 하는 것, 콤플렉스.

보통 학력이나 지식, 경력이나 경험, 돈거의 모든 부족함을 해결할 수 있는, 외모 등등. 우리가 갖지 못한, 갖고 싶은 것들을 결핍이라고 생각한다.

데즈먼드 도스는 총을 들 수 있는 팔을 가지고 있었고, 총을 들고 뛰고 쏠 수 있는 강인한 체력도 갖추고 있었다.

그가 총을 들지 않은 것은 그에게 강제로 주어진 결핍이 아니라, 스스로 선택한 결핍이었다.

결핍의 진짜 의미!

"결핍은 채워야 할 무엇이 아니라 목표를 위해 적극적으로 선택해야 할 최고의 수단이다."

그럼 결핍을 어떻게 적극적으로 활용할 것인지 알아 보자.

04

결핍의 적극적인 활용

내가 늘 주장하는 단순화는 '고객의 선택권'을 버리는 결핍의 적극적인 선택이다.

그들에게서 선택권을 박탈하면 생기게 되는 엄청난 결과들, 그 사례들은 도처에 널렸다.

단순화는 독립 사업가들이 가장 쉽고 편하게 적극적으로 선택할 수 있는 '결핍'이다.

너무 많이 사례를 들어 식상할 수도 있겠지만 익숙한 게 더 이해가 빠르니까….

인류 역사상 가장 위대한 정복자라는 칭기즈칸은 전쟁에서 군량미를 버렸다.

오로지 기마병으로 구성된 그의 군대는 그때까지 적들이 한 번도 경험하지 못했던 이동 속도를 보여줌으로써 모두 순식간에 정복할 수 있었다.

세계에서 가장 거대한 숙박업체 에어비앤비는 자신들 소유의 숙소가 단 하나도 없다.

모두가 화려하고 고급스러운 호텔로 향할 때, 외면받던 민박 시스템으로 눈을 돌렸다.

세계에서 가장 큰 택시회사 우버는 자신들 소유의 택시가 단 한 대도 없다.

세계에서 가장 큰 영화관 넷플렉스는 자신들 소유의 영화관이 단 한 군데도 없다.

세계에서 가장 큰 콘텐츠 유통회사인 페이스북은 자신들 소유의 콘텐츠가 단 하나도 없다.

물론 그들은 플랫폼 비즈니스를 구축했고 그들은 자신의 사업에서 가장 중요하다고 생각한 것을 적극적으로 버림으로써 세계 최고가 되었다.

하지만 이제 그들도 경쟁 업체가 나타나기 시작했고, 치열하게 변화를 모색하고 있다.

거대한 기업들이 살아남기 위해 혁신적인 변화를 모색한다는 것은 독점에 가까웠던 기득권을 버리는 것도 포함된다.

그들이 자신들의 사업에 꼭 필요하다고 생각한 그것들을 갖추고 시작했다면 최고가 될 수 있었을까? 아마 기존 업체와 경쟁하다 지치거나 망하고 말았을 것이다.

예를 그렇게 들었다고 해서 당신의 사업이 세계 최고가 되기 위해 노력하라는 건 아니다.

다만 당신이 만족하고 행복한 사업을 할 수 있으면 세계 최고나 마찬가지다. 굳이 남들과 똑같이 경쟁하는 방식을 택하지 말자.

결핍을 활용해서 목표를 이루는 방법은 크게 두 가지로 나눠볼 수 있다.

첫 번째 방법은 부족한 것을 계속 채워나가는 방식이다.

필요한 것을 계속 갖춰나가고, 새로운 기술을 계속 익히고 연마하는 방법이다.

각종 학위나 점수, 자격증 취득 같은 것들이다.

이것은 결핍을 채우는 매우 일반적인 방법이고, 모두 그렇게 하고 있다.

이 방법은 순풍에 항해를 하겠다는 의지를 적극적으로 실천하는 것이다.

대부분 사람들이 이 방법으로 결핍을 극복할 수 있다고 믿는다. 나는 반대하지만.

두 번째 방법은 첫 번째 방법과 정반대다.

이미 가지고 있는 것을 하나씩 버리는 방식이다.

누구나 중요하다고 생각하는 것을 일부러 무시하고, 이미 가지고 있는 것도 내다버리는 방법이다.

이것은 결핍을 적극적으로 선택하는 방법이며 아주 극소수의 사람들만이 알고 실행하는 목표를 달성하는 가장 확실한 방법이다.

그림을 그리는 데 가장 중요한 것이 무엇일까?

그림을 그릴 수 있는 붓일까? 붓을 버리면 못 그릴까?

캔버스일까? 꼭 종이나 화폭에 그려야 할까?

볼 수 있는 눈일까? 눈 감고는 못 그릴까?

그릴 수 있는 시간일까? 짧은 시간에 그릴 수는 없을까?

이 모든 것을 하나씩 버린 사람들이 시대의 거장으로 회자되고 있다.

지금 당신이 창업하려는데 가장 중요하다고 생각하는 게 무엇인가?

풍부한 자본인가? 특별한 맛인가? 더 뛰어난 기술인가? 새로운 아이템인가? 어떤 특별함인가? 더 많은 고객인가?

보다 깨끗하고 넓은 공간인가? 보다 좋은 장비인가?

보다 능력 있는 직원인가? 많은 수강생인가?

무언가 창업을 위해 갖추려고 준비하고 있다면 그것들을 버리는 적극적인 선택을 해야 한다.

당신이 창업을 하기 위해 꼭 있어야 한다고 생각해서 꼭 갖추고 싶은 것, 그 결핍의 실체를 꼭 채우려 한다면 얼마의 비용과 시간이 들까?

하지만 그 결핍을 적극적으로 선택하게 될 때 어떤 결과가 나타날까?

상상도 못할 일들이 생기게 된다.

결핍은 꼭 채워야 하는 어떤 것이라는 고정관념을 버리면 얻게 되는 것들이 있다.

창업 비용을 버리고, 특별한 맛을 버리고, 다양한 메뉴를 버리고, 진상 손님을 버리고, 직원을 버리고, 강의 공간을 버리고, 손님을 기다리는 시간을 버리고, 더 좋은 장비를 버리고, 수강생을 버리는 적극적인 결핍의 선택.

그들의 선택권을 박탈하고, 창업자가 가벼워지고, 편해지고, 열광하는 고객들이 늘어나고, 더 짧게 일하고 더 많이 벌게 된다.

지금 당신에게 가장 필요한데 없는 것, 그래서 꼭 갖추고 싶은 게 무엇일까?

그걸 찾아서 버리시길 바란다. 없는 거니까 미련 없이 포기한다는 표현이 맞겠다.

05
무한에 대하여

무한하다는 것은 무엇일까? 소유는 가능할까?

무한하게 소유한다는 것에 관한 얘길 하고 싶다.

결론부터 말하자면 무한은 무의미하다.

모든 것을 소유한다는 것은 무슨 뜻일까?

그건 철학적인 사유가 필요한 일이다. 법정 스님의 《무소유》라는 책이 한때, 서로 가지려고 웃돈이 얹어져 거래됐던 일은 아이러니하다.

무소유란 무엇일까? 아무것도 가지지 말라는 뜻일까?

필요한 만큼만 가지면 충분하다는 뜻이다.

나는 거기서 무한의 의미를 찾았다. 모든 것을 가졌다는 것.

무한에 관해 학문적으로 접근할 생각은 없다.

그 정도의 경지를 탐할 능력도 없거니와 그곳을 기웃거리던 사람들은 역사의 한 페이지를 장식했을지언정 모두 미쳐서 죽었기 때문이기도 하다.

독일의 천재 수학자 게오르크 칸토르Georg Cantor, 쿠르트 괴델Kurt Godel 정도가 되겠다.

우리의 탐욕은 끝이 없어서 가끔 무한하다고 비아냥거리기도 한다. 그 탐욕의 끝이나 혹은 정체는 뭘까?

제아무리 넓고 화려한 집이라도 잠잘 때 쓰는 공간은 한 평도 채 안 된다.

제아무리 맛있고 좋은 음식도 온종일, 1년 내내 쉬지 않고 먹을 수는 없다.

제아무리 비싸고 화려한 옷이나 장신구, 가방도 한 번에 여러 벌을 껴입지는 않는다.

제아무리 비싸고 좋은 자동차라 하더라도 한 번에 두 대를 동시에 탈 수는 없는 법이다.

매일 새로운 것들을 먹고 입고 마시고, 새로운 곳에서 자고, 새로운 자동차를 타는 것이 무한한 부를 가지고 싶은 이유일까? 그 삶은 행복할까?

행복할 것 같다면 그렇게 하면 된다.

그런데 과연 그런 행복을 느끼는 데 무한한 돈이 필요한 것일까? 수십억 수백억이 있어야만 가능한 일일까?

그렇지 않다는 얘기다. 생각을 조금만 다르게 하면 얼마든지 가능하다.

대부분의 사람들이 얼마만큼의 돈을 벌어 놓고 시작하려 하기 때문에 벌기만 하고 시작은 못 하는 경우가 허다하다.

내가 굳이 경험하지 않아도 그건 경험을 했던 수많은 사람이 그런 물질을 소유하는 것의 공허함에 대한 얘기를 해왔다.

버느라 쓸 시간이 없었던 사람들의 얘기도 심심찮게 들어왔다.

더 많은 시간을 허비하기 전에 오직 새로운 경험만이 행복한 삶을 유지하는 비결이라는 것을 말이다.

그런 경험을 해 보는 것이 소중한 것이지 그런 것들을 소유하는 것이 목적이 되어서는 안 된다.

그런 의미에서 당신은 무한한 경험을 할 수 있기를 바란다.

그래서 나는 당신이 돈을 많이 벌면 좋겠다. 가능한 한 많이 벌면 좋겠다.

그런데 그 가능한 한 많이에 대한 접근 방식에 무한에 관한 철학이 접목되어야 한다.

창업을 준비 중이라면 무엇을 얼마나 팔 것인가를 고민하면서 시작해야 한다.

초보 창업자가 무한정 많이 생산해서 많이 파는 것은 불가능하다. 한계치를 정해야 한다.

자신의 능력치를 초과하는 욕심을 부리면 쉽게 무너진다.

하루에 열 개를 팔든, 백 개를 팔든 스스로 한정한 것을 넘는 것은 무한에 대한 도전이라고 생각해야 한다.

무한은 우리가 넘어서야 할 벽이다. 다만 넘어서는 방식을 달리해야 한다.

하루에 돈가스, 샌드위치 백 개를 팔 수 있을지는 모르지만, 백만 개를 팔 수는 없다.

그런데 그렇게 팔아야 한다. 그래서 애초에 백만 개를 팔 수 있는 방식으로 접근해야 한다. 그래서 폭발하지 않으면 무한한 확산은 불가능하다. 어떤 상품을 어떻게 팔 것인가를 고민하려면 그렇게 무한한 확장 가능성을 염두에 두어야 한다.

죽음을 알리는 앱 위크록WeCroak, 살 빠지는 건강한 아이스크림 헤일로탑, 지금 선풍적인 인기를 끌고 있는 카페 블루보틀은 애초에 다르게 시작했다. 가볍게 시작했고 자신을 포함한 누군가의 불편함에 집중했고 폭발했다. 그들은 무한한 가치를 계속 생산해 내고 있다.

다시 한번 말하지만 무한은 무한하지 않다.

늘 새로운 경험을 하기에 충분한 여건을 갖추기만 한다면 그것은 무한에 다가간 것이다.

시간과 일과 돈에 얽매이지 않는 삶이 무한을 소유한 삶이다. 그것은 완벽한 자유다. 완벽하게 자유로운 삶이 무한에 가까워지는 가장 빠르고 쉬운 길이다.

그러기 위해서는 무한에 대한 생각의 끈을 고쳐 맬 필요가 있다.

06

진짜 주인 이야기

계속해서 무한한 소유에 대한 얘기다.

세상의 모든 시스템과 사람들이 나를 위해 일하고 있다는 생각을 할 수 있을까?

지하철도, 택시도, 버스도, 호텔도, 식당도, 병원도, 도서관도 다 나를 위해 존재하는 시스템이고 그 안에서 일하는 사람들 모두 나를 위해 일하고 있다고 생각할 수 있을까?

내가 그 모든 것의 주인이지만 그들 모두를 다 관리할 수 없어서 맡겨 놓은 거라고 생각할 수 있을까?

다만 나를 위해 일해주는 그들에게 소정의 수고비를 주는 것일 뿐이라고 생각할 수는 없을까?

부산의 동쪽 끝자락 해변가에 돈 한 푼 들이지 않고 누구나 다 아는 멋진 호텔을 하나 지었다. 아름다운 풍광과 깔끔하게 청소해 놓은 품격 있는 객실과 맛있는 음식을 내어 주는 식당이 있고, 넓은 수영장이 있다. 나는 내 소유의 호텔이지만 굳이 내가 주인임을 밝히지도 않고 그곳을 지키지도 않는다. 주인인 나를 위해 그들이 알아서 잘 관리해 줄 뿐이다. 나는 가끔 가족들과 함께 하룻밤을 묵을 뿐이다. 수백 명의 직원들이 각자의 위치에서 열심히 일해 주고 있어서 늘 감사한 마음이다. 그래서 체크아웃을 할 때, 내 호텔을 깔끔하게 잘 관리해 준 그들에게 약간의 팁을 주고 올 뿐이다.

믿지 않겠지만 전국의 택시는 모두 내가 소유권을 갖고 있다. 개인택시라고? 사실 그것도 내 것이다. 그들은 자신의 것인 줄 알지만 그들에게 운영 관리를 맡겨뒀을 뿐이다. 나는 가끔 택시를 이용하면서 내가 원하는 어디든지 갈 수 있도록 택시를 잘 관리해 주고 있는 그들에게 약간의 팁을 주고 내릴 뿐이다. 가까운 곳이면 조금 주고 좀 멀리 가면 조금 더 줄 뿐이다.

굳이 내가 택시의 주인임을 말할 필요가 있을까?

난 그렇게 권위적인 사람은 아니거든.

또 뭐가 있을까? 세상에 내 것이 아닌 것이 없다.

내가 가끔 가는 바닷가 전망 좋은 카페의 주인은 누구일까?

매출이 부진해 아르바이트생 내보내고 직접 운영하는 그가 진짜 주인일까?

언제든지 가고 싶을 때 가서 마시고 싶은 메뉴를 주문하면 언제든 나를 위해 아침부터 저녁까지 대기하고 있는 그가 진짜 그 카페의 주인일까?

저 푸른 하늘과 넓은 땅의 주인은 누구일까? 저 푸른 바다의 주인은 누구일까? 저 시원한 바람과 구름의 주인은 누구일까? 달과 태양의 주인은 누구일까?

그 모두의 소유권을 가진 사람이 있을까?

푸른 하늘과 산과 들과 바람을 파는 사람이 주인일까? 온 세상 만물을 파는 사람이 주인일까? 당신은 그 아름다움을 팔 수 없을까?

이미 팔고 있는 사람들은 소유권을 가졌을까?

당신도 팔 수 있다. 계절마다 바뀌는 자연을 팔고, 바람을 팔고, 바다를 팔고, 하늘을 팔 수 있다. 이미 바람을 팔고, 하늘을 팔고, 바다를 팔고, 달을 팔고 있는 사람도 있지 않은가?

모든 것이 사업이다.

많은 사람이 금융권에 자신의 자산을 맡겨두고 있다. 그게 적금이든 보험금이든 주식이든 모든 종류의 금융 상품 중 몇 가지는 갖고 있다.

그 자산이 자신의 것이라는 것을 증명할 수 있는 장치는 무엇일까? 그건 자신이 정한 비밀번호다. 당신이 그 비밀번호를 마음대로 활용할 수 있다면 어떻게 될까? 당신이 원하면 그 비밀번호를 가진 자에게 원하는 만큼의 돈을 가져오라고 말하기만 하면 된다. 당신은 그들이 원하는 것을 주기만 하면 된다. 그게 무엇이든 상관없다. 당신이 가진 것 혹은 준비한 것을 원하는 사람에게 주고 그들의 돈을 마음껏 쓸 수 있다.

이미 그런 사람들이 넘쳐나는 세상 아닌가? 당신이라고 하지 말란 법이 있나?

이미 기업이 만들어 놓은 면도날을 배송만 해주고 1조 원을 번 사람도 있다. 2만 원짜리 아이스크림 제조기를 사다가 계속 아이스크림을 연구해서 수천억 매출을 올린 사람도 있다. 그들은 사람들의 비밀번호를 알아내고 돈을 마음대로 꺼낸 사람들이다.

세상에 그 많은 돈의 진짜 주인은 누구일까? 은행계좌에 수십, 수백억을 가진 사람이 주인일까? 수만 평의 땅을 가진 사람일까? 수백 채의 집을 가진 사람일까?

세상 모든 편리하고 아름다운 것들을 누리는 자가 진짜 주인이다. 누리지 못할 이유가 없다. 생각을 조금 다르게 하기만 한다면 말이다.

모든 것을 다 가질 수 있을까?

내 대답은 그렇다. 가질 수 있다.

작은 욕심을 버리기만 한다면 가질 수 있다.

PART
04

독립 사업가가 되자

01

창업은 왜 할까?

그렇다. 여기서부터가 시작이다. 도대체 왜 창업을 하려는 걸까?

아니 제대로 준비하고 창업해서 성공하고 싶은 사람에게 왜 하냐고 묻다니.

왜 창업을 하려고 하는지 정해야 제대로 성공할 수 있다. 성공하려면 왜 창업하는지 분명한 철학이 있어야 한다.

쥐꼬리 월급 주면서 온갖 일 다 시키고, 야근에 철야에 더럽고 치사해서 못 해 먹겠다고?

매일 똥 씹은 얼굴로 출근해야 하는 직장이 너무 싫어서?

남의 밑에서 뒤치다꺼리 하는 게 싫어서?

하는 일에 비해 너무 적은 월급을 받는 것이 불만이라서?

그 정도 실력이면 식당 한 번 해보는 게 어떠냐고 해서?

주식과 부동산에 관심이 있는데 잘만 하면 그 걸로 돈을 벌 수 있다고 해서?

이번이 아니면 언제 올지 모르는 좋은 기회라고 해서?

하기만 하면 대박 나는 특별한 아이템이라고 해서?

취업이 너무 어려워서?

그냥 반찬값이나 벌어볼 생각으로?

애들 학원비나 벌어볼 심산으로?

더 다양한 이유들도 많겠지만 차별화 전략도 없이 그런 식으로 무작정 창업하면 안 된다. 그렇게 뚜렷한 목적의식 없이 현실도피처나, 투잡이나 부수입의 목적으로 선택해서 시작하는 창업은 반드시 어려운 상황에 직면하게 된다.

쉽지 않은 운영을 하게 된다. 쉽지 않은 운영은 당신을 힘들게 만들고, 힘들면 재미가 없어지고, 재미가 없어지면 지옥 같은 나날을 만난다. 힘들어진다. 악순환이 반복되면 결국 망한다. 삶을 갈아 넣는 모든 일은 지속가능성이 없다.

그렇게 힘든 근본적인 이유는 다른 사람들과 전혀 다르지 않은 방식으로, 쉽게 생각하고 시작하기 때문이다. 거기다 전 재산까지 털어 넣을 생각까지? 그렇게 사회경제적 식물인간이 된다.

그래서 애초에 다르게 시작해야 한다.

왜 창업을 하려는지 보다 근본적으로 접근해야 한다.

당연히 잘살기 위해서다.

그럼 어떤 게 잘사는 걸까?

돈만 많이 버는 게 잘사는 걸까?

열심히 일해서 돈만 많이 벌면, 지금까지 아끼며 악착같이 살아 온 모습과 뭐가 다른 걸까?

노력한 만큼 더 많이 벌 수 있어서 좋을 거라고?

천만에! 노력한 것보다 훨씬 더 적게 벌 가능성이 훨씬 높다! 남들과 전혀 다르지 않은 방식으로 시작한다면!! 그리고 제대로 철저히 준비하고 노력한다고 해서 많이 벌 수 있다고 기대하는 건 정말 꿈 같은 얘기다.

어떤 미친 놈이 너무나 어렵게 준비한 소중한 돈을 탕진하려고 대충 아무렇게나 시작하겠는가? 하지만 대부분이 그런 과정을 거쳐서 망하거나 실패했다. 열심히 노력만 한다고 해서 잘 된다고 보장할 수는 없다. 그건 마치 한강을 건너기 위해 눈을 감고 열심히 노만 젓고 있는 것과 같다. 힘만 들고 지쳐서 표류하게 될 것이다. 그러다 죽는다. 스스로 자신을 구해야 한다.

그럼 어떤 게 잘 사는 걸까?

돈을 많이 버는 것보다 더 중요한 걸 찾아야 한다. 돈을 많이 버는 게 중요하지 않다거나 돈은 나쁜 거라고 말하는 게 절대 아니다. 오히려 난 우리 삶에서 대부분의 문제를 쉽게 해결해 줄 수 있는 돈을 많이 벌어야 한다고 생각한다. 어떻게 하면 더 확실하게 많이 벌 건가에 대한 얘길 하려는 거다.

바로 당신과 가족의 행복한 삶, 그게 항상 최우선에 있어야 한다. 돈을 많이 벌어야 행복한 게 아니라, 행복하게 일을 해야 돈을 많이 벌 수 있다.

생각과 순서를 바꿔야 한다.

이건 어쩌면 너무 흔한 얘기일지도 모른다. 하지만 아는 것과 실행하는 것은 전혀 다른 얘기다.

02

창업은 필수다

왜 창업을 해야 하는 건지 얘기하고 싶다.

창업은 제대로 하기만 하면 완전 멋진 인생을 살 수 있는 엄청난 기회가 될 수 있기 때문이다.

그건 다르게 생각하는 기획을 통해 얼마든지 가능하다.

난 그렇게 생각한다. 생각보다는 확신이다.

그런데 대부분 그 '제대로'를 제대로 하지 못한다. 남들과 같은 방식을 택하기 때문이다. 다르지 않으면 결국 경쟁할 수밖에 없기 때문이다.

어떤 창업이든 '제대로'와 '철저히' 기획되지 않고 단순히 경쟁하는 방식언제라도 어디서라도 구할 수 있는 상품을 파는 것이라면 망할 수밖에 없다. 난 그 제대로 하는 방식을 알려 주려는 거고 그대로만 하면 완전 멋진 인생을 살 수 있다.

세상에 그런 게 어딨냐고?

정말 많다. 널렸다. 아는 사람도 정말 많다. 그런데 당신은 모르고 있을 수도 있다.

당신의 창업을 기획해 보자.

기획되지 않는 창업은 망하니까! 그런데 뻔한 기획은 아니어야 한다.

자 다시! 완전 멋진 인생은 당신이 행복하게 사는 거다.

어떻게 행복한 게 진짜 행복한 거냐고?

더 적게 일하고 더 많이 버는 거다. 그리고 자유로운 삶을 사는 것이다.

어떻게 자유로운 삶을 사는 것이 진짜 행복한 거냐고? 감옥에 갇혀 있는 것도 아닌 지금도 자유로운 거 아니냐고?

하지만 한 번 생각해 보면 스스로 전혀 자유롭지 못하다는 것을 알 수 있다.

정해진 시간 안에 해야 하는 수많은 일과, 가야 하고 머물러야 하는 곳이 정해져 있지는 않은가? 정해진 시간 이외에는 쉴 수조차 없고, 훌쩍 떠나고 싶어도 시간이 없거나, 돈이 없거나, 둘 다 없거나 하지는 않은가?

그 자유로운 것 같지만 전혀 자유롭지 않았던 시간과 일과 돈으로부터 자유로워지는 거다.

난 그걸 완벽한 자유라고 부른다.

마지막에 이 부분은 다시 한번 정리해 주겠다. 당신만의 독점 사업 구축하는 법에 대한 얘기를.

난 당신이 애초에 다르게 시작해서 자신만의 사업을 일으키고 점차 성장해서 결국에는 그런 삶을 살 수 있기를 바란다. 진심으로….

그게 말이 되는가? 어떻게 더 적게 일하고 더 많이 벌 수 있는가? 어떻게 그런 자유로운 삶을 살 수 있는가? 세상에 그런 사람이 있기나 하는가?

당연히 있다. 경쟁하지 않는 방식으로 제대로만 하면 된다.

정말 말도 안 되는 소리 같은가?

세상의 고정관념에 사로잡힌 당신에겐 정말 터무니없는 소리처럼 들릴 수도 있겠다.

대기업 총수도 그런 자유는 못 누리고 살 텐데, 하물며 가진 것도 별로 없는 내가 그런 삶을 살 수 있을까?

가능하다. 왜냐하면, 조금만 아니 어쩌면 좀 많이 일 수도 있지만, 다르게 생각하면 되기 때문이다.

생각만 좀 혹은 많이 다르게 하고, 그걸 실천해 버리면 되므로, 그게 대단히 힘든 일이 아니다.

왜냐하면, 그렇게 많은 돈이 드는 것도 아니기 때문이다. 생각했던 것보다 훨씬 적은 돈으로 시작할 수 있다. 세상에 없던 서비스 블루피쉬의 창업자 스티브 심스Steve Sims도 직원으로 시작했다.

완벽한 자유를 누리기 위해 당신이 이겨내야 할 건 딱 하나뿐이다. 실패할지도 모른다는 두려움, 모든 걸 잃을 지도 모른다는 두려움, 그 두려움의 바닥을 한 번 들여다보면 좋겠다. 천천히 한 번 돌아보면 좋겠다.

그 두려움의 실체는 당신은 도전해 본 적이 없다는 것에서 비롯되므로 사실 아무것도 아니라는 거다.

실패에 대한 두려움만 가득해서 실패가 예상되는 어떤 도전도 하지 못하게 애초에 차단당하며 자라왔기 때문이다. 사회적으로 큰 화제가 되었던 〈sky 캐슬〉이라는 드라마에서 오로지 명문대 하나만 보고 달려가도록 사육당하는 불쌍한 아이들처럼….

그래서 난 당신에게 실패해도 괜찮다는 걸 보여주고 싶다. 최대한 빠른 시간 안에 많이 도전해 보고, 많이 실패해 보고, 실패해도 그렇게 아프지 않다는 것을 알게 해 주고, 가장 큰 위험 부담인 돈을 최대한 아낄 수 있는 방법에 대한 얘길 해주려고 한다.

심지어 개뿔 가진 것 없는 난 아들만 넷이거든!

당신은 두려울 게 뭔가?

창업은 행복한 삶의 주도권을 쥐기 위해 꼭 해야만 하는 여러 가지 방법 중의 하나다.

굳이 그 여러 가지 방법 중에 창업을 하기로 마음 먹었다면 성공할 수 있는 방법을 알아야 하지 않겠는가?

창업을 한다는 것은 사장이 된다는 것이고, 사장이 된다는 것은 스스로 결정하고 그 모든 결과에 대해 전적으로 책임진다는 것이다. 그래서 사장은 고민을 많이 해야 하는 자리다. 그 고민의 방향성은 오직 하나여야 한다. 자신과 가족의 행복한 삶의 지속 가능성 여부다.

얼마나 더 적게 일할 것인지, 얼마나 더 많은 수익을 올릴 것인지, 더 적게 일할 방법은 무엇인지, 더 많이 벌 수 있는 방법은 무엇인지 고민해야 하는 것이다.

오직 하나의 기준에 맞춰서 말이지. 자유로운 삶을 위해!

지속 가능하고 대체 불가능에 가까운 직장에서 많은 보수를 받고 주도적으로 일하고 있다면 굳이 창업하는 방법을 택하지 않아도 될 것이다. 그렇지 않다면, 언제 해고될지 모르고 얼마든지 대체 가능한 존재로서 더 어린 직원을 더 적은 비용으로 고용하길 원하는 고용주의 눈치나 압력을 받고 있는 상태라면 하루라도 더 빨리 자신의 사업을 시작하는 게 좋다.

일단 선점하는 효과도 분명히 있으니까.

그 사업을 전혀 다르게, 그리고 쉽게 성공할 수 있는 방법을 알려주려는 거다. 쉽다는 것은 남들과 같은 방식으로 시작하는 것에 비해서 그렇다는 뜻이다. 하지만 돈이 들지 않는 만큼 시간과 고통으로 대가를 치러야 한다.

왜 창업을 시작해야 하는가? 보다 주도적으로 행복한 삶을 영위하기 위해서라고 다짐하고 가자. 딱 그거 하나만 보고 가자. 그래서 즐거운 놀이가 되는 창업을 하자.

그런데 명심할 것이 하나 있다.

절대 단번에 짧은 시간에 승부를 내려고 해선 안 된다. 왜냐하면, 당신은 그냥 서툰 초보 창업자에 불과하기 때문이다.

당신은 타노스도, 헐크도, 아이언맨도 아니기 때문이다.

건틀릿으로 핑거 스냅을 할 수 있는 능력자가 아니라 그저 처음이라 잘 모르는 초보 창업자일 뿐이라는 사실을 잊어서는 안 된다.

03

실패는 빨리하는 게 좋다

대부분 실패가 두려워 일생일대의 기회인 창업을 머뭇거린다. 왜냐하면, 모든 걸 걸었기 때문이다. 그럼 끝나기 때문이다. 실패는 죽음이니까.

그러니 답은 얼마나 쉬운가? 아무것도 걸지 않으면 된다. 그러면 실패가 두렵지 않다.

그런데 말이 안 된다고 생각한다. 창업을 하는데 아무것도 걸지 않는다고?

택스코디도, 북스빌더도, 나도, 저스틴 울버톤도, 스티브 심스도 그랬다. 아무것도 걸지 않았다. 오직 하고 싶은 일의 본질에만 집중했다.

아무것도 걸지 않은 채로 하고 싶은 일을 시작해 보는 거다. 블루피쉬의 심스처럼 직장을 다니면서 해 볼 수도 있고, 택스코디나 북스빌더처럼 자신의 가게를 운영하면서 해 볼 수도 있고, 경제적인 여유가 된다면 오직 그 일만 집중해 볼 수도 있다. 그런데 경제적인 여유가 있으면 성장 속도가 더딜 수 있다. 왜냐하면, 절박함이 덜하기 때문이다. 굳이 이걸 하지 않아도 먹고 살 만하면 그 일이 삶의 우선순위가 되지 못하는 경우도 있다.

그러면 상당히 다양한 경우의 수를 만날 수 있다. 시작하자마자 실패하는 경우부터 거대한 사업이 되는 경우까지 창업의 결과는 다양하다.

빨리 실패해 보면 알 수 있다. 왜 실패한 건지, 어떤 부분을 개선해야 하는지, 아니면 하지 말아야 하는 일인지 말이다. 그러면 재빨리 다른 일을 고민해 보면 된다. 그러려면 역시 아무것도 걸지 않고 시작해야 한다. 그러면 하고 싶은 일은 얼마든지 있을 테니까 말이다.

그리고 어떤 경우에는 아주 조금씩 판매가 일어나고 감동하는 고객이 생기는 경험을 하게 될 것이다.

그렇게 시작하는 거다. 그들이 지금껏 겪어보지 못한 경험을 선물해 주는 것으로 시작하면 된다. 그게 무엇이든 상관없다. 유형의 상품이든 무형의 감동이든 말이다.

여기서 돈은 계획했던 것보다 좀 더 빠르게 확산시킬 수 있는 도구로써 활용은 가능하다. 하지만 초보 창업자라면 천천히 가는 것을 추천한다. 그 돈은 앞서 언급했지만 여전히 없다고 생각하는 것이 좋다. 성장하는 시간도 필요하기 때문이다.

심스의 블루피쉬가 하루아침에 거대한 회사가 된 건 아니다.

홍보회사에서 일하던 한사 버그웰Hansa Bergwell은 '사람들이 자신들이 죽어가고 있다는 것을 잊고 사는 건 아닐까라는 생각을 했다. 그래서 사람들에게 시간을 정하지 않고 랜덤하게 하루에 다섯 번 죽음에 관한 문장을 문자로 보내주는 사업을 시작했다.

1달러를 지급하고 다운로드를 하면 매일 다섯 문장을 보내주는 위크록WeCroak이라는 앱이다.

오직 유일하게 죽음에 관한 문장뿐이다. 인간은 누구나 죽는다는 본질에 집중했다. 광고도 없고 공유 기능도 없다. 그냥 알람이 오면 읽고 깨닫고 현재의 삶에 녹여내면 된다.

처음에 한 명, 두 명으로 시작한 사업이 이제 3만 명의 유료 회원이 생겼다. 10만 명에서 100만 명으로 회원 수가 늘어난다 해도 추가 비용은 '제로'에 가깝다. 아니면 10만 명에서 제한을 해두는 것도 좋겠다. 양도 가능한 회원권에 프리미엄이 붙을 수도 있겠다. 어쩌면 유사한 업체가 생겨날 수도 있겠다.

그게 걱정할 일일까? 전혀 그렇지 않다.

그가 처음부터 끝까지 해야 할 일은 오직 죽음에 관한 명언들을 찾기 위해 책과 인터넷을 뒤지는 것뿐이다. 그런 수고로움을 회원들을 대신해서 하는 것뿐이다.

간혹 시간을 정해서 알림을 받고 싶다는 회원들이 있지만 랜덤 발송 규칙을 고수한다. 왜냐하면, 죽음도 시간을 정해서 찾아오지 않기 때문이다.

멋진 사업 아닌가?

그가 처음 시작했을 때 고객들이 줄줄이 대기하고 있지는 않았다. 꾸준히 자신의 사업을 키워나갔을 뿐이다. 직장을 다니면서도 얼마든지 병행 가능한 일이기 때문이다.

이런 사업은 얼마든지 가능하다.

출생과 죽음에 관해 혹은 그 중간 과정 속에 자신이 고민하고 있는 문제가 없는지 살펴보면 된다. 어떻게든 멋진 사업이 될 것이다.

명심할 것은 실패를 두려워하지 마라는 것이다. 실패는 반드시 해야 하고 할 수밖에 없기 때문이다.

바이크나 스키 강습을 받으면 가장 먼저 넘어지는 것부터 가르쳐 준다. 그 단계를 제대로 익히지 못하면 다음 단계로 넘어가서는 안 된다. 자칫 대형 사고로 이어질 뿐만 아니라 다른 사람에게도 피해를 주기 때문이다.

당신의 창업도 그래야 한다. 실패와 넘어지는 것이 두려워서 철저히 준비만 하다가는 목숨을 잃게 될지도 모른다. 생물학적인 목숨은 아닐지라도 사회경제적인 목숨일 수는 있다.

실패를 두려워하기보다 빨리 경험해 보는 게 낫다. 그렇게 몇 번 해보고 나면 쉬워진다. 돈을 걸지 않는 실패에 익숙해지면 도전도 한결 쉬워진다.

04

먼저 팔아 봐야 한다

창업을 준비하면 무엇을 팔 것인지 결정해야 한다. 그리고 먼저 팔아 봐야 한다.

택스코디, 북스빌더, 블루피쉬, 한사 버그웰처럼 말이다.

자신이든 필요한 사람이든 누군가의 니즈Needs나 원츠Wants를 해소해 주면 된다.

그게 시작이다.

가장 중요한 건 언제 어디서든 살 수 있는 남들이 파는 것과 같은 상품을 팔아서는 안 된다는 것이다.

대다수는 일단 창업한다고 돈 모을 생각부터 한다.

그 돈 모으느라 얼마나 고생했을까? 몇 년을 모았을까? 그 동안 얼마나 아끼며 살았을까?

그러느라 당신 자신과 가족들은 또 얼마나 궁상스럽게 살았을까?

먹고 싶은 거 안 먹고, 입고 싶은 거 안 입고, 가고 싶은 데 안

가고 몇 년을 아끼며 겨우 마련한 그 집을 담보로 대출을 받았을지도 모른다. 대부분 그게 밑천이니까.

직접 창업해서 돈 좀 벌어 보겠다고 그 소중한 집을 날리면 어떻게 될까?

어렵게 마련한 소중한 그 집 하나 지키겠다고 온 가족들, 지인들 돈 다 끌어다 망해가는 장사에 쏟아부으면 어떻게 될까? 그 끝에는 지금 대부분의 창업자가 겪고 있는 죽음에 가까운 고통의 시간이 기다리고 있다.

당신은 예외일까?

그렇지 않다. 당신도 그냥 보통 사람일 뿐이다.

프랜차이즈로 시작한 사람뿐만 아니라 비슷한 방식으로 비슷한 상품을 파는 사람들이 다 비슷한 고통을 받고 있다.

그런 상황을 필연적으로 만나게 될 대부분 창업자들이 시작하는 방식으로 시작하지 마라. 죽는다. 일 년에 두 번씩 서울의 코엑스에서, 부산의 벡스코에서 대규모로 창업 박람회를 한다. 온갖 종류의 프랜차이즈가 넘쳐난다.

당신처럼 처음이라, 초보라 잘 모르면서 창업을 시작하려는 사람들을 노리는 합법적인 사기 행각에 놀아나지 말라고!

아무리 잘 포장해 봐야 돈 내고 노예 계약하는 거니까.

그런 상품을 당신까지 팔아서는 안 된다는 거다. 그건 절대 당신의 것이 될 수 없다.

그 소중한 돈을 모두 쏟아부었는데도 말이다.

지금까지 당신이 창업을 하겠다고 힘들게 돈을 모으던 시간과 그 돈을 모두 털어 남들과 경쟁하는 방식으로 창업을 할 경우, 앞으로 당신이 겪게 될 시간들을 한 발짝 떨어져서 바라볼 수 있길 바란다.

무엇을 팔 것인지 정하지도 못하고 시작하게 되면 결과는 뻔하다.

죽고 싶은 심정이 될 거다.

서민 경제를 살리기 위해 나라에서 할 일은 나라에서 하게 두고, 서민인 당신이 스스로 살아갈 수 있는 방법은 스스로 찾아야 한다. 최저임금 인상이 절대 사업의 실패 원인이 아니다.

나라에서 해 주는 것에만 의지하려 하면 절대 성공할 수 없다. 지원 정책이란 건 그냥 최소한의 보조금일 뿐이지 창업의 성공을 도와주는 열쇠가 아니다.

그런 도움 없이도 얼마든지 성공할 수 있으려면, 그리고 언제가 되든 시야가 넓어지고 그런 지원도 더 잘 활용할 수 있으려면, 반드시 다른 방식으로 상품을 먼저 팔아 봐야 한다. 그리고 반드시 하나만 팔아야 한다. 본질에 집중하는 것이다. 대부분 팔아서 벌어 보기도 전에 창업자금 전부를 쓰고 시작하기 때문에 필요한 만큼 벌지 못하면 망한다.

하나만 제대로 한다는 그것 자체가 다른 상품이기 때문이다.

무엇을 팔 것인지 정하려면 스스로 무엇을 좋아하는지, 무엇을 잘하는지, 무엇을 하면 재밌는지부터 생각해 봐야 한다.

뭐가 제일 먼저라고 하기 어려울 만큼 중요한 문제들이 많지만, 그중에 제일 중요한 것은 자신의 관심사여야 한다. 일단 뭐든 좋아하거나 관심 있는 일을 해야 한다.

음식을 만드는 일이든, 누구를 가르치는 일이든, 마음을 편하게 해주는 일이든, 손재주가 필요한 일이든, 자신이 겪고 있는 불편함을 해결할 수 있는 등의 몰입할 수 있고 시간 가는 줄 모르는 일이거나 미친 듯이 집중할 수 있는 일이 있을 것이다.

나? 그런 거 없는데? 그냥 돈 많이 버는 거 하고 싶은데? 그건 아직 자신을 진심으로 사랑해 본 적이 없어서일지도 모른다.

그래서 자신부터 사랑하고 시작하는 게 좋다.

사랑? 창업하자는데 웬 사랑 타령이냐고? 자신이 뭘 좋아하는지, 자신이 어떤 사람인지부터 생각해 봐야 한다.

여지껏 그런 고민을 안 해봐서 낯설 수도 있지만 꼭 그런 시간부터 갖자.

그렇게 시작하는 거다.

무조건 돈만 좇지 말고 자신부터 좇아라.

그러기 전에는 창업하기 어렵다고 본다.

심각하게 다시 고민해 보고 또다시 생각해 보는 게 좋다. 진짜 이걸 해야 하나….

그런데 일단 창업은 반드시 해야 한다.

자신만의 사업을 해야 한다.

이제 그런 시대가 왔다. 자동화 시대. 거대한 공장을 가동하는 데는 사람 한 명과 개 한 마리뿐이라는 우스갯소리를 들어본 적 있을 것이다.

사람은 개 먹이 주는 역할을 하고, 개는 사람이 자동화된 기계를 못 만지게 하는 역할이란다.

실제 그런 시대가 오고 있고, 그때가 되면 더 이상 웃지 못할 것이다. 실업의 칼날이 턱밑에 와 있다.

그래서 더 늦기 전에 지금이라도 창업을 해야 한다.

일단 그 좋아하는 일부터 찾은 다음에 창업 아이템을 고르는 게 좋다.

보통 '가슴 뛰는 일'이라고 말한다. 느끼한 것을 싫어하는 사람이 느끼한 음식 만들어 팔려고 하면 안 된다.

애들을 정말 싫어하는데 보습학원을 하면 안 된다. 뭐 그런 얘기다.

그냥 너도나도 한다고, 돈 된다고, 돈만 있으면 할 수 있다고 덥석 낚이면 안 된다.

정말 죽는다. 모든 걸 잃게 된다. 무조건 후회한다.

그런 어리석은 선택은 절대 하지 마라. 세상에 당신만이 할 수 있는 일은 정말 많다. 순수하게 자본금이 5천만 원 이상 있다면 그 돈으로 생활비 쓰면서, 좀 편안한 마음으로 책도 읽고, 강의도 듣고, 사람들 만나면서 자신을 찾아보라.

하지만 불안해서 책이고 뭐고 눈에 안 들어 올 것이고, 주변에선 무책임한 거 아니냐고, 제정신이냐고 손가락질할 것이다. 내가 겪어 온 것처럼.

그러면 어떤 일이든 해서 생활비를 벌면서 창업을 준비해도 된다. 일단 지금 이 글을 읽고 있다면, 마음의 여유를 갖고 곰곰이 생각해 보면 된다.

난 멋진 사업으로 성공시킬 수 있는 자신감을 갖게 해 주고 싶다. 그렇게 될 것이다.

하지만 시작조차 해보지 않고 안 되는 이유만 찾는다면, 행복한 삶을 향한 가장 큰 걸림돌이 될 그 '치명적인 습관'을 고치기 전에는 뭔가를 하려는 시도조차 해선 안 된다고 말해 주고 싶다.

설령 경쟁하는 일이라 하더라도 그마저도 정말 좋아한다면 시작해도 된다. 애초에 다르게 시작하는 방법을 찾으면 된다.

한 번 살펴보라. 지금 하고 있는 일 안에서 진짜 중요한 게 뭔지. 어떻게 하면 더 편해질지.

어떻게 하면 더 효율적으로 수익을 내면서 운영할 수 있을지 고민해 보면 된다. 그렇게 몇 개월이 지나면 하고 싶은 일인지 아닌지 알게 된다. 재미가 있든지 없든지. 만약 하고 싶은 일이 아니라면 다시 처음으로 돌아가서 스스로를 만나 보면 된다. 조급할 필요 없다. 시간은 충분하다.

만약 하고 싶은 일이라면 알게 될 것이다. 개선해야 될 문제점이 있다는 것을. 그 문제점을 해결할 수 있는 상품을 만들고 팔아 보면 된다.

무엇이든 팔 수 있다

남들 다 파는 무엇이든 상관없다.

당연한 얘기지만 애초에 다르게 팔아야 한다.

자, 그럼 애초에 다르게 시작하는 게 어떤 건지 한 번 얘기해 볼까?

애초에 다르게 시작하면 그 모든 것들이 정말 쉬워진다. 그 흐름도 자연스럽게 익힐 수 있길 바란다.

하지만 다르게 시작한다는 것 자체가 두려움일 수 있다. 그러다 실패하면 절대 안 되기 때문이다.

자, 그럼 이제 두려움을 하나씩 넘어가 보자.

먼저 조급해지지 않기로 스스로와 약속한다. 너무 쉽게 뛰어들지 말라는 의미에서….

하여튼 열에 아홉은 3년 안에 망한다는 창업을 시작할 생각이라면 말이다.

굳이 하기로 마음먹었다면 최대한 두려움을 극복한 다음에 해야 한다는 말이다.

그 두려움의 바닥에 욕심이 있고, 그 욕심은 고정관념으로 가득 차 있기 때문이다.

자, 그럼 한 번 보자.

창업자금을 준비했겠지?

그거 날리면 절대 안 되는 돈이다. 일단 대출받은 돈은 전부 상환하는 걸로… 굳이 비싼 이자 내면서 안고 있지 마라. 돈은 정말 소중한 거니까. 그리고 천천히 하기로 했으니까.

딱 하나만 해야 한다. 두 개도 안 된다. 무조건 하나만 선택해야 해야 한다.

하고 싶은 것도 많고 잘하는 것도 너무 많아서 어떤 걸 하나만 해야 할지 그걸 선택하는 게 너무 어렵다고 말한다. 하지만 가만히 본질에 집중해 보면 하나만 선택할 수 있다.

거기에 새로운 콘텐츠를 하나 더 입히면 더할 나위 없이 훌륭한 상품이 된다.

보통은 가치라고 말하기도 하고, 주고 싶은 감동이라고 하기도 하고, 누군가의 불편함을 해소한다고 말하기도 한다.

그리고 그런 상품을 만들어서 주변인 혹은 가족에게 팔아 봐야 한다. 당신과 가장 친한 사람에게 팔 수 있어야 부끄럽지 않은 상품이 될 수 있다. 그리고 반응을 살피고 피드백을 받아라. 부탁해라.

분명히 다양한 문제점이 나올 거다. 그걸 개선해 나가는 과정이 필요하다. 반드시 거쳐야 할 과정이니까 무조건 해야 한다.

지인들이기 때문에 가능한 일이다. 좀 맛이 없어도, 좀 비싸도, 좀 맘에 안 들어도 피드백은 해 주니까.

하지만 불특정 다수인 미지의 고객은 피드백을 해주지 않는다. 그냥 불만 고객이 되어서 악평을 하거나 그냥 다시 안 오는 거다. 그래서 섣불리 온라인 판매나 광고를 통해 모객을 해서는 안 되는 거다.

기존의 창업자들은 대부분 많은 비용을 들여서 그런 방식을 택하기 때문에 자신의 상품의 불완전성이 개선될 기회조차 갖지 못하고 사라지는 거다.

이 얘기도 계속 반복해서 할 거니까 지겨워도 가슴 깊이 새기길 바란다.

하여튼 그게 품질이든, 가격이든, 모양이든, 부피든, 무게든, 냄새든 어떤 것이든 말이지.

그렇게 당신이 오직 하나만 제대로 준비한 상품 또는 제품 개선해 나가는 데는 제법 오랜 시간과 어느 정도의 비용과 초조함이라는 정신적 고통이 따를 수밖에 없다. 그 기간을 버틸 때 생활비로 쓸 돈이 필요한 거다.

마이클 더빈Michael Dubin이라는 남자는 터무니없이 비싼 일회용 면도날이 싫었다. 질레트가 싫었던 그는 한국의 도루코 면도날을 배달하는 사업을 시작했다. 2중 날, 4중 날, 6중 날을 각각 금액과 수량에 차등을 두고 배달해 준다. 그는 우선 자신이 너무 불편해서 시작했다. 비싼 것도 싫었고 불필요한 고성능도 싫었다. 처음부터 날개 돋친 듯 고객이 늘었던 것도 아니다. 처음엔 고전했다. 고객이 많지 않았지만 유튜브 채널을 통해 자체 제작한 동영상이 빠르게 퍼져나갔다. 2011년 창업하고 5년 만에 320만 명 이상의 회원을 확보했고 2018년 유니레버에 1조 1,000억 원에 매각됐다.

국내에는 와이즐리라는 스타트업이 독일의 면도기를 수입해 배달 판매를 하면서 성장하고 있다. 역시 대표는 소비자에게 생필품을 공급하는 사업에 관심이 많았다. 김동욱 대표는 자신의 사이트에서만 판매하는 원칙을 고수하고 있다. 그 역시 시작은 샘플링과 배송 시험을 통해서 가능성을 확인하는 과정을 거쳤다. 그리고 질레트가 70%로 독점하고 있는 시장에서 6%의 점유율을 확보하는 기염을 토하기도 했다.

이렇게 모든 사업의 시작은 주류 고객들을 대상으로 기존의 큰 기업과 싸울 필요는 없다. 그 상품군의 소비자 중에 비주류 고객층은 있게 마련이다. 불편하거나 불만인 고객들을 대상으로 사업을 할 수 있는 일들은 얼마든지 많이 있다. 식당이든, 학원이든, 미용실이든 상관없다.

창업을 하려고 준비한 돈은 자신이 성장하는 기간 생활비로 쓸 생각을 하고 시작해야 한다. 그래서 사업을 개선하는데 드는 비용은 크게 발생하지 않지만, 그 고통스럽거나 즐거울 수도 있는 기간은 길 수도 짧을 수도 있다. 노력하기 나름이라는 얘기다.

하루에 스무 시간을 투자할 수도 있고, 하루에 네 시간만 투자할 수도 있다. 투자하는 동안은 즐길 수 있다면 열 시간 이상 일해도 좋다!

분명한 건 일관성 있는 품질을 낼 수 있어야 한다는 거다. 그 일관성 있는 상품의 준비와 점포를 구하는 것 중에 꼭 어떤 게 먼저여야 한다는 건 없지만, 초기 고정 비용을 최소화할 수 있는 방법을 찾아야 한다.

06

어떻게 팔 것인가

잠시 되짚어 보자. 당신이 행복한 삶은 어떤 삶일까?

갑자기 또 웬 행복 타령이냐고?

돈을 버는 과정이 정말 중요한 거다. 어떻게 팔 것인가가 말이지.

일단 돈을 버는 과정이 즐거워야 한다. 지치면 안 된다.

그러려면 어떻게 해야 할까?

우선은 적은 돈으로 시작하고 시간과 고통이라는 대가를 치르면서 먼저 내적으로, 실력으로 성장부터 해야 한다. 달러쉐이브 클럽의 마이클 더빈도, 와이즐리의 김동욱 대표도 그런 과정을 거쳤다.

그리고 오래 일하면 안 된다. 왜냐하면, 오랫동안 일한다는 건 체력의 한계를 느끼게 된다는 거고, 체력의 한계를 느끼면 정신적인 한계도 금방 만나게 된다.

그러면 아무리 돈을 많이 버는 일도 오래 지나지 않아 지칠 수밖에 없다. 지치면 제대로 된 상품을 만들 수 없다. 그런 상품으로는 고객에게 감동을 줄 수 없고, 결국엔 무너지게 된다.

그래서 더 많이 벌겠다고 더 많이 팔고 더 오래 팔면서 돈을 좇으면 진다.

오직 당신의 행복을 좇아야 한다. 이기적으로!

돈이 많아야 행복하다고? 아니다. 행복을 좇으면 돈이 따라오는 거다. 그 말도 안 되는 것 같은 이치를 차차 알게 될 것이다.

그럼 오래 일하지 않고 어떻게 돈을 많이 벌까?

그걸 찾는 것이다. 그러려면 어떻게 해야 할까?

비싸게 파는 거다. 무조건 비싸게 팔아야 한다. 애초에 비싼 물건을 비싸게 파는 것도 나쁘지 않지만. 원 재료는 싸거나 가치가 없는데 당신이 가치를 입혀서 비싸게 파는 거다. 나와 택스코디, 북스빌더가 경험하고 있는 과정이다. 즐겁게 신나는 일을 찾다 보니 돈을 받고 나눌 수 있게 됐다.

위크록의 서비스는 1,200원에 불과하지만 비싸게 팔고 있는 것이다. 재료비가 없기 때문이다. 마진율이 100%이다.

어쨌든 그러고 나면 점점 당신만의 브랜드가 생기게 되고, 뒤늦게 알려지거나 유명해지고 나면, 누군가는 당신을 따라 할 테지만 쉽지 않을 거다.

왜냐하면, 당신이 겪어 온 과정을 모르는 이들에겐 당신이 쌓은 견고한 성은 그대로 진입 장벽이 될 테니까. 어떤 이는 당신과 비슷한 콘텐츠나 상품을 모방해서 팔겠지만, 당신의 존재 자체가 원조라는 이름으로 그들의 홍보 효과마저 흡수하게 될 테니까 그들은 금방 떨어져 나갈 수밖에 없다.

어떤 이는 애초에 당신에게 콘텐츠 사용 비용을 지급하고 제휴를 요청할 수도 있을 것이다.

부의 파이프라인은 그렇게 구축하는 거다. 그 확실한 방법 중 하나를 알려주려는 거다.

좀 뜬금없고 막연하고 이해도 안 될 거라는 것도 안다.

세상에 그런 게 어딨냐고 말하겠지만, 이미 누군가는 그런 일을 하고 있다. 지금도 누군가는 준비하고 있을 것이다.

위크록의 국내용 앱이 최근에 출시됐다. 하지만 그는 유료화하지 않고 광고를 탑재했다.

이렇게 당신이 무슨 창업을 하든 그들처럼 할 수 있다. 당연히 지금 당장은 아니겠지만 무조건 가능하다. 의지만 있다면 말이다.

어니스트 컴퍼니The Honest Company는 2011년 창업한 친환경 가정용품 스타트업이다. 창업주는 제시카 알바Jessica Alba다.

자신이 어린 시절 알레르기로 고생했던 자신의 경험을 아이에게 물려주고 싶지 않아서 시작한 회사다. 스타의 유명세에 기대지 않고 사업의 본질에 집중한 그녀의 방식은 고단한 시간을 보내는 것이었다.

먼저 그녀는 창업을 위해 미친 듯이 공부했다. 일을 마치고 돌아오면 새벽까지 책과 인터넷을 뒤지며 화학 물질을 공부했고, 생활용품 제조 과정을 연구하는 데 쓴 시간만 3년이다. 주변에서 미쳤다고 할 정도로 매달렸다. 누구라도 그 정도 열심히 하면 못할 일이 없을 것 같다. '아프니까 사장이다'라는 자영업자 커뮤니티에는 큰 돈을 들여 창업을 준비한다는 사람이 아는 게 하나도 없다고 한다. 아주 빠른 시일 안에 망한다. 세계적인 스타인 그녀도 3년간 주경야독으로 일궈낸 사업이다. 자신의 유명세로도 얼마든지 홍보하고 키워나갈 수 있었지만 그러지 않았다. 오히려 사업을 성공적으로 일궈내면서 유명세를 얻었다. 심지어 아무것도 없는 초보 창업자가 전 재산 털어넣고 실패하면 절대 안 되는 창업을 하면서 아는 게 없으니 프랜차이즈를 기웃거리고, 처음이라 아무것도 모르니 제발 좀 도와달라는 것이 지금의 자영업 시장의 현주소다.

그녀가 주목한 지점은 부모의 경험으로 만든 소비자의 경험이었다. 신생아를 가진 부모는 쇼핑이 자유롭지 못하다는 것을 감안해서 정기 배송 모델을 채택했고, 매출의 80%를 차지한다. 정기 배송이 세계적인 흐름이 되기도 전에 이미 시작한 것이다.

사업의 시작은 불편하거나 불합리하다고 생각하는 사소한 경험에서 시작하고, 그걸 해결해 보려는 부단한 노력과 실패를 거듭하면서 자신만의 견고한 성을 쌓아가는 것이 창업을 준비하는 당신에게 필요한 자세다.

항상 다른 시선으로 당신의 주변을 살펴보면 쉽게 답을 찾을 수 있을지도 모른다.

07

홍보 좀 하지 마라

일단 그냥 돈으로 창업부터 하는 사람들을 만난다. 정말 많다. 미치겠다 진짜…, 지치기도 하고.

난 그들을 준비되지 못한 자들이라고 부른다.

혹은 곧 망할 자들?

그들은 조급하다. 많은 돈을 준비해서 유동인구가 제법 많은 '상권이 좋은 곳'에서 시작한다.

비싼 임대료와 멋진 인테리어, 그리고 메뉴는 무조건 다양하다. 그리고 많이 벌고 싶다.

당연하다. 일단 큰돈을 들여 창업했으니 많이 벌고 싶다. 그래서 오랫동안 영업한다.

오픈하면 처음부터 많은 손님을 받고 싶다. 왜냐하면, 그래야 임대료도 내고 인건비도 맞추고 본인도 가져갈 수 있으니까.

그래서 처음에 창업을 시작하면 매출에 집착할 수밖에 없고, 그래서 일단 가장 쉬운 홍보부터 시작한다.

비슷한 상품을 파는 경쟁자보다 여러 면에서 뛰어나다는 것을 증명하는 것은 시간이 오래 걸리는 데다 어렵기까지 하기 때문이다. 하지만 홍보를 한다고 해서 그걸 증명할 수 있는 것도 아니다.

그럴 수밖에 없다. 계속 말하지만 애초에 잘못 시작했기 때문이다.

달리 할 수 있는 게 더는 없기 때문이다. 그래서 모두가 가는 그 길을 걸어야 하는 거다. 도망갈 길이 없다. 순풍에 돛을 올렸기 때문이다.

그래서 대대적으로 오픈 할인 행사를 한다. 만국기도 걸고.

영세한 자영업자가 결코 해서는 안 될 일들이다. 수익성 악화로 가는 가장 빠르고 쉬운 길이 홍보와 할인이다.

매일 듣고 다니는 말이다.

"아무리 내가 좋고 멋진 상품을 판다 하더라도 알아야 오지. 그래서 상권이 중요한 거 아니냐."

"일단 많은 사람이 알 수 있도록 알려야지. 니가 장사를 알아?"

그래서 좋다는 홍보 방법을 수소문한다. 전단지는 기본이고 블로그, 페이스북, 인스타, 버스 광고 등등 손님이 자신의 SNS에 홍보를 하면 서비스로 무언가를 주기도 한다, 할인을 해주거나.

이렇게 많은 돈을 들여서 수많은 홍보를 한다.

정말 엄청난 상품들이 온라인상에도 넘쳐난다.

그런데 정말 좋은 제품은 홍보하지 않아도 잘 팔린다.

구매해 본 사람이 어떤 식으로든 감동하면 무조건 소개한다. 자랑한다. 자신이 더 많이 사기도 한다. 팬이 된다.

파산 직전의 헤일로탑Halo Top이 미국 시장을 양분하고 있던 하겐다즈Haagendazs의 매출파인트 단일 사이즈 부문에서을 뛰어넘은 건 살도 안 찌고 건강한 아이스크림을 맛보고 감동한 헬스 트레이너의 실험 덕분이었다.

그 일이 알려지면서 매출이 폭발했다.

캠핑을 즐기던 어떤 사업가는 얼음이 너무 빨리 녹는 아이스박스가 싫었다. 무려 16일 동안 얼음을 보관할 수 있는 61리터짜리 아이스박스를 2년여의 연구 끝에 개발했다.

서핑을 즐기던 그는 물에 젖으면 안 되는 소지품을 보관하기 위해 수심 27m에서도 30분간 방수 기능을 유지하는 작은 상자를 만들었다.

아이팟이 처음 출시되었을 때 재빠르게 전용 방수 케이스를 출시해서 엄청난 수익을 냈다.

고객에게 어떤 감동을 줄 것인가를 고민하는 게 우선이다. 그러려면 자신이 겪고 있는 불편함을 해결하는 것으로 시작하는 창업이 이상적이다.

더러 초보 창업자의 지인들도 자신들의 SNS 계정으로 자발적으로 홍보를 해주기도 한다. 좋은 의도로 진심으로 도와주고 싶어 한다.

하지만 대부분의 초보 창업자는 홍보를 통해 찾아오는 많은 손님을 받을 준비가 되지 않은 상태다.

특히 요식업에서 그런 일이 많이 생긴다.

아직 주방과 홀의 손발도 맞지 않고, 손님과 직접 부딪히는 홀 직원의 능력치도 파악이 안 됐다.

그리고 더 중요한 건 주방의 숙련도다. 아무리 경력과 경험이 많더라도 새로운 환경에 익숙해지는 데는 시간이 걸릴 수밖에 없다.

아무리 손님이 많고 바쁘더라도 어떤 메뉴든 일정한 맛과 양으로 제공할 수 있어야 한다. 그런데 처음부터 그럴 수 없다. 한 번도 경험해 보지 못한 북새통은 금세 아수라장이 된다.

그래서 모든 다양한 메뉴가 그런 수준이 되려면 어느 정도의 시간이 반드시 필요하다.

메뉴가 다양할수록 더 혼란스럽다. 주문과 서빙 실수는 기본이고 고객 불만은 폭주한다.

그래서 단일 메뉴를 구상하고 혼자 하지 않는 이상은 그런 상황을 피하기 어렵다. 결국, 시간이 필요하다. 그러려면 또 가벼워야 한다.

오픈하자마자 그렇게 될 수는 없다.

시간과의 싸움인데… 애초에 잘못 시작했기 때문에 조바심 때문에 그 시간을 견디기가 정말 힘들다. 모든 게 다 돈으로 이어지기 때문이다.

매출이 없다는 건 정말 견디기 힘든 일이다. 피가 바짝바짝 마른다. 심지어 장사가 잘되는 집도 하루 이틀 손님이 없으면 그렇게 된다.

모든 시스템이 다 갖춰진 것 같은 프랜차이즈도 서로 간의 호흡을 맞추는 시간은 필요하다.

어쨌든 여러 사람의 호흡을 맞추는 시간은 필요하다. 무조건.

2년 전에 넷째를 출산한 아내는 최근에 개업했던 크고 깨끗한 여성병원에 1주일간 입원했었다.

산부인과, 조리원 등에 종사하는 직원만 100명이 넘는 큰 병원이지만, 직원들 간, 부서 간 소통이 원활하지 않고 손발이 맞지 않는다는 것을 알 수 있었다.

그 조직에 맞는 매뉴얼이 구축된 이후에 체계를 갖추려면 익숙한 사람이 덜 익숙한 사람에게 전수해 주는 과정을 거쳐야 한다.

그런데 큰돈을 들여서 하는 모든 사업은 그런 예행 연습을 할 시간적 여유가 없다.

창업자의 자금 여력은 한계가 너무 분명하기 때문이다.

이미 오픈 전에 여력이 바닥났을 가능성이 매우 높다. 막대한 대출금액까지 포함해서.

그래서 더 절박하다. 고객 한 명 한 명이.

그들의 객단가를 얼마로 올리느냐에 사활을 걸 수밖에 없다.

그 시간이 얼마나 걸릴지는 아무도 모른다. 한 달이 걸릴 수도 있고 3개월이 걸릴 수도 있다.

그런 일정 정도의 수준이 되기 전에 불특정 다수에게 전달된 홍보를 통해 방문한 고객들은 만족하기 어렵거나 불만을 가지게 되고 아주 냉혹한 안티 세력으로 돌변한다.

직원들이 미처 겪어 보지 못한 급격하고 과도한 고객의 집중은 혼란을 초래할 수밖에 없고, 그 혼란으로 인해 직접적인 불편을 느낀 고객은 처음엔 당황하지만 나중엔 화가 난다.

이 정도 수준의 서비스를 내가 피 같은 소중한 돈 내고 이런 대접을 받아야 해? 시설만 좋지 이거 뭐 형편없는걸?

지인들은 처음이라 초보라 안면도 있어서 이해해 줄 수도 있지만, 단순히 새로 생겼다거나, 맛있다는 홍보를 보고 온 손님은 그렇지 않다.

게다가 품질이 낮거나, 맛까지 없으면 지인들조차도 다시 오지 않게 된다.

누구에게든 소개하거나 함께 오기가 창피하기 때문이다.

심지어 '거기 맛 없다던데? 별로라던데?'라는 말을 한다면? 일파만파다.

대부분 초보 창업자는 그렇게 망했다.

그냥 정해진 수순처럼….

난 요식업이 아닌데? 상관없다.

당신의 상품이 어떤 것이든 먼저 팔아 봐야 한다. 버터플라이

인베스트먼트 신태순 대표의 저서《나는 자본 없이 먼저 팔고 창업한다》를 읽어 보길 바란다.

당신이 지인을 위해 진심으로 최선을 다해서 홍보를 해주고 싶은 마음은 충분히 이해한다.

하지만 그가 충분히 준비되었다고 느끼기 전에는 절대 그를 위해 홍보해 주면 안 된다. 그건 그를 망하게 하는 지름길이기 때문이다. 만약 억하심정이 있어서 망해 버렸으면 좋겠다 싶으면 좀 과장해서 홍보를 해줘도 좋겠다. 그리고 당신도 창업을 시작할 생각이라면 비용을 들인 홍보 따위는 하지 마라. 당신의 상품을 받고 감동할 고객만 찾아라. 그러려면 어떤 감동을 줄 것인지부터 정해야겠지? 그런 후엔 그들이 알아서 소문내 줄 것이다.

그러니 돈 들여 홍보를 할 하등의 이유가 없다.

08

무조건 하나만 팔아라

다들 난감해 한다. 하나만 판다고? 저 많은 걸 다 포기하라고? 난 다 잘할 수 있는데?

받아 들이기 쉽지 않은 제안이다.

하지만 쉽다. 그게 쉽지 않은 건 욕심이 너무 작아서 그렇다.

욕심을 좀 부려야 한다. 작은 욕심을 버리고 거대한 욕심을 가져야 한다. 그래야 재밌게 일할 수 있다. 가장 큰 목표가 가장 이루기 쉬운 법이다.

차차 알게 될 것이다.

자, 그럼 작은 욕심 얘기부터 해볼까?

첫 번째 작은 욕심은, 당신은 능력자라서 할 줄 아는 게 많다는 거다.

요식업에서 오랜 경력과 경험을 쌓아서 모든 다양한 음식과 요리를 할 줄 알고 레시피도 다 안다.

로스팅 기계부터 모든 장비를 다 잘 다루고 모든 음료를 만들 줄 안다. 심지어 맛까지 완벽하다.

커트, 드라이, 펌, 모발 두피 관리까지 모든 기술에 능통하다. 심지어 메이크업까지.

아파트, 상가, 주택, 빌라, 원룸, 토지, 임야, 분양권 모든 분야를 다 잘 알고 오래 해왔다.

그래서 뭐 하나를 꼭 찝어서 딱 그거 하나만 하려니 뭘 해야 할지 모르겠다.

그래서 모든 걸 다 잘하는 사장이 되고 싶다.

왜냐하면, 당신은 모든 걸 다 잘하니까 누구든 와서 주문만 하면 뭐든 다 해줄 수 있으니까. 자신 있으니까.

그게 바로 지금 대부분의 창업자들이 겪고 있는 가장 심각한 문제들이다. 심지어 그런 전문지식이나 경험이 전혀 없는 초보 창업자도 메뉴가 많은 프랜차이즈로 시작한다.

모든 걸 다하는 방식을 택한다. 물론 당신처럼 뛰어나게 다 잘한다 하더라도 문제는 같다.

차별성이 없기 때문이다.

그렇게 다양한 메뉴를 모두 다 잘하는 것은 불가능하다. 설령 그렇게 제공한 메뉴에 만족해서 고객이 다시 오고 입소문이 난다고 하더라도 다양한 메뉴를 찾는 고객이 줄을 서기 시작하면 순식간에 무너질 수 있다. 다양한 메뉴 전체를 일정한 품질을 유지한다는 것은 불가능에 가깝다. 애초 시도조차 하지 말자.

후발주자들과 함께 단가로 경쟁하지 않으려면 자신만의 차별성과 강점을 찾아야 한다.

어딜 가도 언제든 구할 수 있는 상품을 팔기로 작정한 사람들은 경쟁이란 걸 할 수밖에 없다. 필연적이다. 경쟁은… 참담한 결과를 낳는다.

지금 우리 사회 전반에 걸쳐서 나타나고 있는 모든 근본적인 문제는 경쟁 때문이라고 생각한다. 경쟁을 통해 최고로 인정받는다는 건 정말 힘든 일이다. 몇십 년이 걸릴지도 모른다.

그렇다 하더라도 인정받기 어렵고, 인정받고 나도 별 볼 일 없긴 마찬가지다. 더 뛰어난 후발주자나 경쟁자는 반드시 생기기 마련이기 때문이다.

세상은 빛의 속도로 변하고 있기 때문이기도 하다.

유한한 당신의 인생을 그렇게 경쟁만 하면서 보내는 것은, 심지어 한 번도 이겨본 적 없는 경험만으로 끝내는 것은 누구를 위해서도 바람직하지 않다.

두 번째 작은 욕심은, 경쟁을 택한 당신은 더 오랫동안 영업을 하고 싶다. 아니 할 수밖에 없다.

아직 목표한 매출을 달성하지 못했기 때문에 더 많이 팔아야 하기 때문이다.

그래서 아침 식사도 되고 오후 내내 열고 밤늦게까지 영업을 한다. 심지어 24시간 영업을 하기도 하고. 그건 왜 그럴까?

모든 메뉴를 버리지 못하는 것처럼 모든 손님을 받고 싶은 욕심 때문이다.

점심 1시간만 저녁 1시간만 영업하는 방식을 택하지 못하는 이유는 그 시간 외에도 오는 손님까지 받고 싶기 때문이다. 왜냐하면, 역시 충분히 많이 팔지 못했으니까. 거창하게 시작하고 나면 반드시 달성해야 하는 최소한의 매출 기준이 있다. 그 기준보다 최소한 얼마는 더 벌어야 하기 때문이다.

애초에 시작부터 언제든, 어디서든, 얼마든지 쉽게 구할 수 있는 쉬운 상대가 되었기 때문이다. 그건 여러 가지를 오랜 시간 팔려고 할 때 겪게 될 상황이란 걸 명심해야 한다.

그래서 겪게 될 상황은 더 많이 일하고 더 적게 벌게 되는 당신은 지치게 될 거라는 거다.

체력도 떨어지고 정신력도 무너진다. 당신의 가족도 힘든 상황을 맞이하게 된다.

그렇게 일과 함께 가정이 무너지는 과정을 거치게 된다.

당신은 예외라고 생각하면 큰 오산이다.

오히려 그런 사람이 더 쉽게 무너진다.

이게 다 당신이 아주 작은 욕심을 갖고 창업을 하게 될 경우에 만나게 될 상황들이다.

자, 그럼 큰 욕심을 한 번 부려 볼까?

가장 큰 목표를 한 번 세워보자.

당신이 뭔가 하나를 팔기로 정하면서 세울 목표는 세계 최고가 되겠다는 거다.

엥? 세계 최고?

세계 최고가 되는 게 어렵지 않은 이유는 하나만 제대로 하면 경쟁자가 없기 때문이다. 세상에 오직 그거 하나만 하는 사람은 없기 때문이다. 그게 뭐든.

그래서 말하는 거다. 당신이 잘하는 거 다 버리고 딱 하나만 선택하라는 거다. 그게 큰 목표를 세우는 가장 쉬운 방법이다.

파블로 피카소라는 화가를 알고 있을 것이다? 유명한 화가다. 정말 유명해서 웬만한 문외한도 다 알 걸? 모른다고? 그럼 한 번 검색해 봐라.

'스페인 태생이며 프랑스에서 활동한 입체파 화가. 프랑스 미술에 영향을 받아 파리로 이주하였으며 르누아르, 툴루즈, 뭉크, 고갱, 고흐 등 거장들의 영향을 받았다…' 검색해 보면 뭐 이렇게 나온다.

그는 어릴 때 신동 소리를 들을 만큼 그림을 잘 그렸다. 그냥 뭐 사진처럼 정밀하게 그렸다고 한다. 열 살도 되기 전에 연필로 그린 말이 튀어나올 것 같았다나 뭐라나. 믿거나 말거나.

그런 피카소도 사진이란 걸 보게 되면서 그 최고의 실력을 버렸다.

기계와 경쟁하게 될 거라는 걸 알았던 거다.

그리고 그의 그림의 변천사를 보면 그가 어떻게 변했는지 알 수 있다.

난 도무지 이해할 수 없는 그림이지만 엄청 비싸게 팔리고 있다.

세상에서 최고라는 화가도 최고라는 실력을 버렸는데 그냥 처음이라서 초보라서 잘 모르는 당신이 가진 보통의 사람들과 경쟁하게 될 그 평범한 능력을 못 버릴 이유가 있을까?

과감하게 버려라. 별것 아니다.

만약 당신이 최고의 실력자라고 생각한다면 읽어줘서 고맙다.

건투를 빈다.

당신이 팔고자 하는 그 상품이 어디서든 언제든 구할 수 있는 거라면 누구라도 어렵지 않게 혹은 좀 어렵더라도 팔 수 있는 거라면 절대 시작조차 하지 마라.

지금 좀 잘 되거나 전망이 좋아 보이더라도 결국 더 싸게 더 많은 서비스를 제공해야만 팔 수 있게 되는 날이 아주 빠른 시일 안에 도래한다.

처음엔 블루오션이었을지도 모르지만 레드오션으로 아주 빠르게 이동하게 될 것이다.

자, 그래서 하나만 팔게 되면 어떤 이점들이 있을까?

앞에서도 계속 얘기했지만 한 번 요약해 볼까?

본질에 집중할 수 있다.

그 하나에만 집중하게 되면 어떻게 하면 더 나은 상태로 만들 수 있을지, 어떻게 하면 더 큰 감동을 줄 수 있을지, 어떻게 하면 더 빨리 더 좋게 완성할 수 있을지 고민할 수밖에 없다.

다른 건 별로 신경 쓸 게 없기 때문이다.

그 상품 하나 외에는 전부 단순화시켜 버리게 될 거다. 알게 될 거니까.

그거 하나를 제대로 하기 위해서 불필요한 것들이 무엇인지 당신의 에너지를 흩트리는 것들이 어떤 것들인지 보이기 시작할 거니까.

설거지를 최소화하기 위해 어떤 것들을 하지 말아야 할지 고민하게 될 거다.

물컵을 씻고, 말리고, 정리하는 시간을 절약하기 위해 어떤 방법이 있을까 고민하게 될 거다.

청소하는 시간을 최대한 아끼려면 어떤 방식을 택하면 좋을지 고민하게 될 거다.

그리고 답을 하나씩 찾아 나가겠지.

그러면 오롯이 그 상품 하나만 제대로 할 수 있는 시간들이 점점 많아지고 실력이 늘어 간다.

그 상품 하나를 제대로 한다는 것은 계속 반복해서 동일한 결과물을 더 빠른 시간 안에 만들어 낼 수 있게 되는 거다.

그게 반복될수록 더 나아지는 경험을 하게 된다.

너무 쉽지 않나?

열 가지를 잘하는 게 쉽겠나, 한 가지만 잘하는 게 쉽겠나?

무슨 일이든 그렇다. 심지어 글을 쓰는 것조차도 그렇다.

처음엔 서툴고 짜증나고 어려울 수 있다.

하지만 하나씩 문제점을 해결해 나가는 과정 속에 당신만의 철옹성을 구축하고 있다는 것을 알게 될 것이다.

앞에서도 얘기했지만, 어느 정도 성장하고 자리를 잡고 나면 따라 하고 싶은 사람들이 생기지만 그들에겐 그대로 진입 장벽이 될 수밖에 없는 데다, 그들이 따라 하면서 발생하는 모든 콘텐츠의 홍보 효과 역시 당신이 가져가게 될 것이다.

선점했기 때문이다.

이 책에서 얘기할 모든 사례는 그렇게 기획되고 성장했다.

택스코디도, 북스빌더도, 블루피쉬의 스티브 심스도 말이다.

그렇게 당신이 성장하고 나면 상품의 품질은 뛰어날 수밖에 없다.

대단히 뛰어나지 않아도 상관없다. 오직 그거 하나를 더 빠르게 항상 일정한 품질로 생산할 수 있다면 게임은 끝난다.

비싸게 팔 수 있고, 더 짧은 영업시간 동안 더 많이 팔 수 있고, 한정 판매로 고객들을 미치게 만들 수도 있다.

다양한 상품을 더 오랜 시간 동안 더 많은 고객에게 팔겠다는 작은 욕심을 버리고 오직 하나의 상품만 더 짧은 시간 동안 비싸게 소수의 고객에게만 팔아서 세계 최고가 되겠다는 거대한 욕심을 가지라는 얘기다.

더 적게 일하고 더 많이 벌 수 있다.

당신만의 독점 사업을 할 수 있게 된다.

지금 하려고 하는 생각과 반대로 하면 된다. 그러면 쉬워진다.

생각했던 것보다 훨씬.

캐나다에 탈장만 전문적으로 치료하는 숄다이스 병원이라고 있다.

검색하면 다 나온다.

저 숄다이스 병원이 만약 더 많은 환자를 받기 위해 탈장, 비만, 대장, 합병증까지 치료하는 경영 방식을 택했다면 세계에서 가장 유명한 탈장 전문 병원이 될 수 있었을까?

숄다이스 병원은 탈장을 제외한 모든 진료를 버림으로써 '하나만 제대로' 하는 병원이 될 수 있었다. 그 병원의 구성원들의 실력이 세계 최고여서 최고가 된 것이 아니라 오직 '탈장 하나만 제대로 하기'로 결정했기 때문에 세계 최고가 된 것이다.

적극적으로 결핍을 선택했기 때문에 세계 최고가 될 수 있었던 것이다.

창립자 숄다이스는 오로지 탈장 하나만 제대로 치료하기 위해 어떤 고민을 했을까?

어떤 상품이 필요한 사람들에게 '하나만 제대로 한다'고 인식되는 것은 그만큼 중요하다.

당신의 '하나만 제대로' 하는 그 상품을 필요한 사람들이 찾아오게 해야 한다.

불필요한 사람들에게까지 전달되어 스팸에 그치는 불특정 다수를 향한 불필요한 마케팅을 하지 않아도 된다.

정확하고 빠른 회복을 경험한 환자들은 자발적 홍보대사가 된다.

병원이 적극적으로 선택한 결핍들이 그들에게 감동을 주었기 때문이다.

그렇게 많은 환자가 찾다 보니 의사가 10명뿐인 병원의 수술 건수가 다른 병원에 비해 10배 이상 많아졌다.

그러면 근무 강도는 훨씬 세지만 그만큼 처리 속도를 높이고 효율적으로 개선해 나갔다.

어떻게 그럴 수 있었을까? 그렇게 되기 위해 숄다이스는 어떤 고민을 했을까?

의사와 간호사, 직원들의 강도 높은 근무 여건을 개선하기 위해 어떤 고민을 했을까?

인건비를 줄이기 위해 어떤 고민을 했을까?

그리고 그들은 답을 찾아 나갔고, 세계 최고의 탈장 전문 병원이 되었다.

여기서 중요한 건 그들의 이런 고민들은 왜 시작됐을까? 하는 거다.

그건 바로 '탈장 하나만 제대로 치료하기'로 결정했기 때문이다.

다른 모든 진료를 다 잘하려고 했다면 절대 하지 않았을 고민들이었다.

절대 이룰 수 없었을 성공이다.

자, 이제 당신의 문제로 돌아가 볼까?

당신은 무엇을 팔고 싶은가? 당신은 세계 최고가 되고 싶은가? 말도 안 된다고?

그냥 돈이나 많이 벌고 싶다고?

그래, 그냥 돈이나 많이 벌려면 어떻게 해야 할까?

어디서든 언제든 구할 수 있는 남들이 다 파는 상품을 팔아야 할까?

그럼 더 싸게 팔아야 한다. 더 싸게 파는 사람은 없을까?

결국, 계속 같은 얘기다.

경쟁하게 되고 당신은 모든 걸 잃게 된다. 더 오래 일할수록 더 적게 벌게 된다. 진리다.

병원을 예로 들었지만 모든 창업도 다르지 않다.

지금 하고 있는 생각의 반대로 하면 된다.

그게 식당이든, 카페든, 미용실이든, 부동산이든, 서비스든, 제조업이든 상관없다.

어떤 업종이든 그 많은 것들 중에 딱 하나만 제대로 해야 한다.

그거 하나만 팔면 손님이 없을 것 같은가? 다른 걸 찾는 손님을 놓칠 것 같아 조바심이 나는가?

만약 그거 하나를 제대로 하기 시작하면, 그래서 더 많은 고민을 하고, 문제점에 대한 해결책을 찾게 된다면, 숄다이스 병원처럼 더 멀리서 찾아오기 시작한다. 반드시 그렇게 된다.

그래서 세계 최고가 될 수 있다.

아직은 기회가 많다.

왜냐하면, 아직은 하나만 제대로 하는 사람이 별로 없기 때문이다.

하지만 세상은 이제 점점 하나만 제대로 하는 사람들이 늘어갈 것이다.

그게 답이라는 걸 아는 사람이 늘어갈 거니까.

내가 그런 얘길 하고 다녀서가 아니다. 이제 그런 세상이 오고 있기 때문이다.

그래서 빨리 시작하라는 거다.

먼저 시작하면 분명히 선점 효과가 있다.

그러면 후발주자에게는 진입 장벽이 되는 거다.

무엇이든 하나만 제대로 하는 사업을 빨리 시작하라는 거다.

여전히 안 되는 이유만 찾는다면 당연히 안 될 거니까 그냥 살던 대로 살면 된다.

대부분의 사람은 하나만 제대로 하려 하지 않는다.

왜냐하면, 획일화된 교육을 받고 경쟁에 길들여져 있어서 남들이 하려는 대로만 하려 하기 때문이다.

여러 이유가 있겠지만 모두 변명일 뿐이다. 그저 순풍에 돛을 올리고 싶었을 뿐이다.

《꽃들에게 희망을》트리나 폴러스 작 이라는 책에서처럼 맹목적으로 큰 흐름에 맡길 뿐 뚜렷한 목적의식이 없기 때문이다.

그러니까 어찌 됐건 더 나은 삶을 위해 창업을 하기로 마음먹었다면 힘을 내라.

당신과 경쟁하려는 사람 자체가 별로 없다는 걸, 그래서 하기만 하면 이기는 싸움이라는 걸 알길 바란다.

당신이 뭔가를 시작하려고 준비하고 있다면 그래서 모두 버리길 바란다.

그래야 한다.

그래서 뭐든 딱 그거 하나만 하는 사람이 있다면, 그는 거대한 사업을 시작하고 있는 거다.

비록 구석진 곳에 허름하게 차린 곳일지라도, 사무실 하나 없이 카페를 전전할지라도, 변변한 강의실 하나 없을지라도, 당신의 가치를 알아주는 고객은 넘쳐나게 될 것이다.

09

어디서든 팔 수 있다

왜 창업을 하는지 정했고, 뭘 팔 건지 어떻게 팔 건지도 정했는데 그럼 이제 어디서 팔아야 할까?

하여튼 난 레시피나 전문 기술을 가르쳐 주는 사람은 아니니까 각자의 전문 분야는 충분히 알아서 익히길 바란다.

그러면 이제 문제점을 개선하고 해결책을 찾은 당신의 단 하나뿐인 소중한 상품을 팔 아주 소중한 '점포'를 한 번 구해 보자.

그런데 여기서도 전혀 다르게 접근해야 한다.

최대한 구석진 곳에서 최대한 싸게 시작하자.

점포를 굳이 구할 필요가 없는 일도 있다.

그 소중한 점포를 구하기 전에 오로지 세무적인 관점에서 살펴 봐야 한다. 정말 중요한 문제다. 공부하고 시작하자.

우선 당신은 영세한 창업자로서 사업자로 등록을 해야 한다. 과세든 면세든, 개인이든 법인이든.

그런데 점포나 사무실이라는 걸 고르려면 여기서 딱 걸리는 게 '상권'이라는 거다.

상권 분석에 대한 얘기부터 먼저하고 넘어갈까?

상권 분석은 오직 싼 곳을 찾는 것!

통상 점포를 얻기 전에 반드시 소위 상권 분석이라는 걸 한다. 돈이 많이 든다. 분석뿐만 아니라 계약하는 순간부터 엄청난 돈이 든다. 망할 때까지.

점포를 기반으로 하는 창업, 그러니까 창업을 준비하는 이들에게 반드시 거쳐야 할 관문으로 상권 분석을 꼽는 사람들이 있다.

상권 분석을 하는 궁극적인 목적이 뭘까?

당연히 돈 더 많이 벌기 위해서다.

그러려니 봐야 하는 것들이 경쟁 업체의 입점 현황이며, 유동 인구와 그들의 소비 성향, 교통, 주거 환경, 업무 시설 같은 것들이다.

그런데 이 상권 분석이란 게 실제 얼마나 도움이 될는지 한 번 생각해 봐야 한다.

먼저 분석 그 자체에 대한 얘길 한 번 해볼까?

예상 매출을 달성하거나 못 하거나. 달성하면 분석을 잘해서, 달성 못 하면 니 탓이거나….

아니더라도 반드시 이유를 찾아낸다. 사후 확정 이론이다. 일이 끝난 후에는 어떤 식으로든 해석이 가능하다.

그게 그들의 일이니까.

상권 분석이란 것은 분석자가 가능한 모든 경우의 수를 조합해서 어떤 업종이 최적의 조건으로 목표하는 최고의 매출을 낼 수 있는 입지와 규모 등을 검토하는 거다.

하지만 모든 변수를 고려한다는 게 말이 될까?

한 달 혹은 두 달 뒤에 어떤 업종이 어떻게 생기고 사라질지 모르는 곳에서 분석이라는 게 과연 얼마나 실효성이 있을까?

실제로 대부분이 하는 방식으로 오픈한 지 6개월 혹은 1년 됐는데, 아직 자리도 제대로 못 잡았거나, 손익분기점은 아직 멀었는데, 경쟁 업종이 멀지 않은 곳에 혹은 더 입지 좋은 곳에 더 크고 더 싸게 팔면서 시작하게 될지 아무도 모른다.

실제로 그런 일이 허다한데 무슨 상권 분석? 저 건물마다 있는 심지어 한 건물에 두 개씩 있는 카페가, 마주 보고 있는 편의점이, 연이어 들어선 고기 파는, 그것도 무한 리필로 파는 프랜차이즈가 과연 창업의 성공을 위해 꼭 해야 한다는 그 상권 분석이란 걸 하고 시작한 걸까?

다시 돌아와서 그 예상 매출이 발생하기 위한 조건은 정말 엄청나게 복잡하다. 물론 운도 따라야 한다. 그래서 대부분 결과를 두고 분석을 짜 맞추는 방식일 수밖에 없다.

그리고 자신을 소개할 때 혹은 포트폴리오(?) 같은 걸 자랑할 때, 예전에 분석했던 곳 중 잘 된 곳만 사례로 소개하기도 한다.

망한 곳은 또 나름대로 이유를 다 분석했을 것이다.

반면교사로 삼고 싶겠지. 이렇게 하면 안 된다는 정도다.

창업의 성패는 복잡한 연결고리들이 얽히고설켜 있는 것이다. 상권 분석 여부가 아니다.

그 복잡한 연결고리 중에 '가장 중요한 것'에 대한 얘기를 하려는 것이다.

소위 상권 분석 전문가라는 사람들은 이렇게 말한다.

"창업의 성패는 상권 분석을 얼마나 철저히 했느냐 혹은 했느냐 안 했느냐로 판가름 난다!"

과연 그럴까?

계속 말하지만 모든 경쟁하는 방식의 사업 안에는 극소수의 잘하는 사람과 대부분을 차지하는 잘하지 못하는 사람들이 있다.

상권 분석이란 게 정말 꼭 필요하고 성패를 좌우하는 거라면 상권 분석하고 들어간 사람들은 망하지 않아야겠지만 그들도 대부분 망한다.

프랜차이즈는 기본적으로 상권 분석이란 걸 한다. 그런데 프랜차이즈로 오픈한 사장님들 대부분 후회한다. 길게 봐도 3개월 안에, 짧게는 1주일 만에 큰일 났다는 걸 알게 된다.

아무리 좋은 입지의 상권이라고 해도 왜 망하느냐 하면, 그 좋다는 특급 상권의 '임대 안내문'이 즐비한 가장 중요한 변수는 그 점포를 운영하는 '사람'이기 때문이다.

바로 당신이 문제다. 당신이 잘해야 한다는 거다.

그런데 처음이라, 초보라서 잘 모르는 당신이 잘할 가능성이 높을까? 잘 못할 가능성이 높을까? 불을 보듯 뻔하지 않은가?

큰돈을 들여 상권 분석을 의뢰할 정도의 개념을 가진 사람이라면 분명 잘 운영할 사람일 것이라고 단정 지을 수 있을까?

반드시 명심해야 할 것은 알고 부리는 사람과 모르고 맡기는 사람은 애초에 싸움 자체가 안 된다. 그래서 뭐든 돈으로 해결하고, 몰라서 맡기려는 초보 창업자는 망한다. 대부분 실패하는 이유이기도 하다.

이건 정말 중요한 문제다.

잘 못하는 사람은 어떤 특급 상권에서 시작해도 망할 사람이기 때문이다. 돈으로 시작하는 대부분의 초보 창업자가 걷게 될 길이다.

그 반대의 경우인 잘하는 사람도 상권 분석이 필요 없기는 마찬가지다.

잘하는 사람은 어떤 사업이든 어디에서 시작하든 잘한다. 매장관리, 영업관리, 경영 마인드, 타고난 감각, 모든 게 다 뛰어나기 때문이다. 그냥 상위 1% 안에 드는 사람들이다. 그들은 스스로 상권 분석을 하고 무엇이든 잘한다.

공부 잘하는 것과는 또 다르다.

이재에 밝은 이들이 있다. 두뇌 회전과 감각이 뛰어나다.

그들은 돈이 되고 안 되고를 감각적으로 안다. 그래서 남들 모두 다 하는 일을 돈 좀 준비됐다고 그거 들고 해보겠다고 뛰어드는 건 그런 '잘난 놈들'과 싸워 보겠다고 덤비는 거다.

대부분이 그렇게 피똥 싸고 있다. 무조건 지는 싸움이다. 애초에 해서도 안 되는 싸움이기도 하고.

그러니까 무슨 말이냐 하면, 아무리 뛰어난 전문가가 상권 분석을 아무리 잘해 봐야 그 자리에 차고 앉아서 운영할 사람이 성패를 결정 짓는다는 거다.

아무리 좋고 비싼 자리라고 해도 운영이 처음이라, 초보라 잘 모르는 사람이 하면 망한다는 거다. 그래서 프랜차이즈를 하는 거라고? 처음이라 초보라 잘 모르는 사람조차도 다 갖춰진 시스템으로 하기만 하면 성공할 수 있다고?

그건 정말 얼토당토않은 궤변이다.

아무런 결정권도 없는 이름만 사장이라는 노예 계약에 불과한 거다. 그래서 고작 할 수 있는 게 큰 비용이 들어가는 홍보다. 더 빨리 망한다.

그래서 점포를 기반으로 하는 창업에 있어서 통상적인 상권 분석은 전혀 중요하지 않다.

그리고 기본적으로 많은 비용이 드는 데다 그 '철저한 분석'을 통해 선정된 자리 역시 싸고 좋은 자리이기만 하지는 않을 것이다. 그런 방식이라면 고정 비용의 부담은 절대 피할 수 없다. 그러니 또 매출에 연연할 수밖에 없다. 악순환이 이어진다.

그래서 창업을 하는데 있어서 정말 중요한 것은 그 잘나고 못난 사람의 격차를 최소화함으로써 실패하지 않는 전략을 수립하는 것, 바로 기획이다. 그게 가장 중요하다. 애초에 다른 기획이 필요하다.

점포의 위치 따위는 중요하지 않다. 심지어 없어도 상관없는 일이면 더 좋다. 어디서든 팔 수 있다.

그러기 위해서는 창업은 철저히 기획되어야 한다. 창업의 성패를 좌우하는 것이 돈과 위치가 아니라 철저한 기획이라는 것이다.

딴 데로 샌 것 같지만 결국 끝까지 읽어 보면 당신의 성공적인 삶을 위한 지침서가 될 거니까 편하게 읽어 주길 바란다.

예전에 뜨거웠던 〈sky 캐슬〉이라는 드라마에서 성공적인 삶은 서울대 의대 합격증이라는 어이없는 등식을 계속 들먹이는 걸 보면서 한심하기 짝이 없다고 생각했다. 그런 전혀 근거 없는 등식을 믿는 너무 많은 학부모와 학생들이 여전히 많다는 게 참 답답하다.

창업의 성공 여부는 철저한 상권 분석을 했느냐 안 했느냐로 결정난다는 말과 전혀 다르지 않다. 그런 학부모나 창업자나 답답한 건 매한가지다.

둘의 공통점은 전혀 개연성이 없다는 거다. 무관하다.

서울대를 가든 의대를 가든 자신이 꼭 하고 싶은 일을 하기 위해 가야 한다는 거고, 그래야 성공적인 삶을 얘기할 수 있다.

가장 바람직한 상권 분석은 제일 싼 곳을 얻어서 스스로 성장하는 과정을 거쳐야 창업에 성공할 수 있다는 거다.

그렇게 다른 생각을 할 수 없게 만드는 게 지금 주입식 교육의 치명적인 산물이 아닐까?

하여튼 초보라서, 처음이라, 잘 몰라서 당신처럼 모든 것을 걸고 창업을 준비 중인 예비 창업자들에게 반드시 점포는 싼 곳이어야 한다는 걸 계속 강조하고 있다.

그리고 제발 아무것도 걸지 마라.

물론 반박할 수 있다. 끝까지 읽어 보고 난 후에 옳다고 생각하는 대로, 하고 싶은 대로 하면 된다.

내 동의 따위는 구할 필요 없다. 모든 선택과 결과에 대한 책임은 당신의 것이므로. 세무서에 가면 그런 안내문이 있다.

"신고와 관련된 모든 책임은 신고인 본인에게 있습니다."

"창업과 관련된 모든 책임은 창업자 본인에게 있습니다."

애초에 경쟁 업체가 생기면 환호성을 지를 수 있는 방식으로 창업해야 한다.

그렇게 시작해야 한다. 그게 독립사업을 기획해야 하는 이유고 그래야 행복하게 살 수 있다.

내가 추구하는 최고의 창업은 가족과 자유롭고 행복한 삶을 누리는 것이 목적이다.

아차 싶으면 더 빨리 망하는 대부분이 시작하는 방식은 철저히 기획되지 않은 창업이기 때문이다. 당신은 그 길을 가지 않기를 바란다.

몇 억 그냥 '순삭'이다. 당신이 그토록 어렵게 준비한 너무나 소중한 당신의 모든 재산이 말이지.

지금 이런 방식의 창업을 생각하고 있는 건가? 죽고 싶은 건가?

그러고 나면 재기하는 데 얼마나 걸릴 것 같아? 빠르면 3년? 5년? 10년? 그동안은 또 어떻게 살 것인가?

장담하건대 지옥 같은 삶이 기다리고 있다. 어쩌면 다르지 않은 방식으로 창업하고 망하기까지가 진짜 지옥일지도 모르겠다. 지금 자영업자들은 지옥과 다름없는 삶을 살고 있다고 온몸으로 절규하고 있다.

하여튼 그렇게 되고 싶지 않으면 남들과 같은 방식으로 절대 창업하지 말라는 얘기다.

그렇지만 당신은 특별한 무기가 있기 때문에 예외일 거라고 생각하는가? 만약 그렇다면 굳이 비싼 점포를 얻을 필요가 있을까?

자, 그럼 다시 시작해 보자.

진짜 적은 돈으로 혹은 돈 한 푼 들이지 않고 시작해서 성장하는 방법을 말이지. 그게 바로 내가 말하고 싶은 '독립사업의 기획'이다.

점포를 구하기 전에 먼저, 혹은 점포를 구하고 해도 되지만 정말 중요한 것은 '하나만 제대로' 하기로 결심하고 시작해야 한다는 거다.

초기 투자 비용도 가능한 한 적은 금액으로 혹은 무일푼으로 시작해야 한다.

최대한 싼 곳 구하기. 그리고 더 깎기. 보증금은 나중에. 뭐 그런 공식을 계속 써야 한다.

시설권리금도 꼭 지급해야 한다면 나중에 벌어서. 철판 깔자.

어? 나 돈 많은데? 굳이 그렇게까지 해야 해?

당신은 개뿔 가진 게 없다고 스스로 최면이라도 걸어라.

'난 돈이 없다, 난 가진 게 아무것도 없다.'

'창업에 쓸 돈 따위는 먹고 죽을래도 없어!' 자산 규모가 1조원이라는 김승호 회장도 여전히 새로운 창업을 할 때 돈 없이 시작한다고 강조한다. 하물며 당신과 나 같은 사람들은 말할 필요도 없지 않나?

처음에 당신의 가게가 있는지조차 모르게 시작해도 된다. 굳이 알리려고 노력하지 않아도 된다.

그렇게 당신의 상품의 본질에 집중해서 준비하는 거다. 그리고 가족과 가까운 지인들에게 평가를 받아보는 거다.

맛있다. 최고다. 대박이다… 이런 평가 처음부터 받기는 힘들다. 만약 그런 평가를 받는다면 일단 그들에게 팔아라. 그들이 진심으로 감동했다면 기꺼이 비용을 지급할 것이다.

하지만 처음부터 승승장구하긴 어렵다.

지금 하겐다즈와 벤앤제리가 양분하고 있는 미국 아이스크림 시장에서 어마무시한 판매량을 자랑하고 있는 헤일로탑도 불과 5년 전만 해도 파산 직전이었다.

창업 후 2년간은 고전을 면치 못했다는 얘기다. 운이 나빴다면 파산했을지도 모른다.

그처럼 당신은 걸음마를 막 시작한 아기라고 생각하라. 아이는 걷기 위해 2만 번을 넘어진다. 넘어지는 게 고통스럽다고 걷기를 포기하지 않는다. 당신도 그랬다.

그래서 부정적인 평가를 받는 것은 어쩌면 당연하다. 하지만 당연하게 생각하지는 말아야 한다. 최대한 긍정적인 평가를 받기 위해 노력하라. 그리고 실패할 수도 있다.

앞서 말했지만 별로다. 지저분하다, 굳이 추천하고 싶지 않다 등등. 솔직하고 냉정한 평가를 받을 수 있다.

처음이기 때문에 그리고 지인이기 때문에 가능한 일이다. 그런 상태에서 조급하게 무작위로 불특정 다수를 대상으로 홍보를 하고, 소셜 커머스나 배달 앱을 통해 판매를 했는데, 그런 평가를 받는다면 그냥 망했다고 보면 된다. 개선의 기회조차 얻지 못한 채 말이다.

그래서 비용을 들여서 마케팅을 하지 말라고 말하는 거다. 충분히 개선되지 않은 상태에서 하면 망하기 때문이다.

그런데 대부분 자신의 상태를 객관적으로 보기 어렵기 때문에 그런 악수를 두곤 한다.

그리고 어서 빨리 매출을 올려야 한다는 조급함도 한몫한다. 고정 비용이 부담되기 때문이다. 그래서 구석진 곳에서 시작해야 한다.

소위 목이 좋은 곳에 점포를 얻고 나면 감당할 수 없다. 조급함, 초조함, 그걸 이겨내는 훈련이 필요하다.

그걸 누가 대신해줄까?

스스로 해야 한다. 그리고 시간이 반드시 필요하다.

그건 싸게 얻어서 고정 비용이 적거나 없을 때 가능한 것이다.

단번에 건틀릿을 착용하고 핑거 스냅 한 방으로 모든 것을 얻으려 해선 안 된다. 인피니티 스톤을 모으기 전부터도 강력한 우주의 정복자였던 타노스조차도 많은 희생을 치르면서 여섯 개의 스톤을 모았고, 핑거 스냅으로 온 우주 생명의 절반을 사라지게 한 후에 치명적인 상처를 입었다. 초보 창업자는 자신만의 강력한 무기를 장착하기 전에 철저히 단련되어야 한다.

그리고 만약 충분히 개선되었다면 또 더욱 홍보가 필요 없다.

왜냐하면, 당신의 상품이 하나뿐인 데다 흠잡을 데 없이(?)이건 욕심일 수도 있지만 충분히 개선된 상태라면 고객들이 알아서 자발적으로 홍보해 주기 때문이다.

매우 긍정적인 평가를 받았다면 그냥 가족과 지인들이 알아서 홍보대사가 되어 준다.

자랑하고 싶고, 소중한 사람과 함께하고 싶은 곳이 되는 거다. 그 후론 그냥 잘된다.

더 나아질 일만 남았다.

뭐 늘 하던 얘기라 새로울 것도 없겠지만….

만약 매우 부정적인 평가를 받았다면, 당신은 아직 준비가 덜 됐다는 것이므로 더 노력해야 한다.

개선의 시간을 가져야 하는 거다. 고통의 시간일 수도 있고. 노력 여하에 따라 며칠이 될 수도 있고 몇 달이 될 수도 있다. 그 정도 각오와 그 기간을 버틸 생활비 정도를 준비해서 창업하라는 얘기다.

몇 년이 될 거라면 애초에 시작도 하지 말아야 한다.

그 개선의 기간 동안 당신은 안정적인 영업을 지속하기 어렵다. 당연히 매출도 적다.

하지만 당신은 초기 투자비용도 적게 들었고 고정 비용이 거의 없기 때문에 버틸 수 있는 것이다.

애초에 준비한 자금의 대부분이 남았고 생활비로 쓸 수 있기 때문이다.

물론 그 또한 최대한 아껴 써야 한다. 그래서 당신은 가장 싼 곳에서 점포를 얻고 초기 투자 비용을 최소화해야 한다. 그래서 최대한 싸게 어디 한적한 곳에 얻고 난 다음에 '하나만 제대로 하기'로 한 후에는 어떻게 진행해야 할까? 그냥 그대로 하면 된다. 걱정할 거 없다.

장사라고 시작할 거면 모든 일은 알고 부려야지, 모르고 맡겨선 절대 안 된다. 그게 주방이든, 홀이든, 설거지든, 배달이든, 심지어 세무든, 그게 뭐든. 그래서 애초에 다르게 시작해야 하는 거다. 결국엔 부려야 하는 시기가 온다. 그때 알고 부리기 위해서다.

그렇지 않으면 절대 당신의 사업이 될 수 없다. 반드시 명심하길 바란다.

10

즐기자 독립사업!

사업을 즐길 수 있을까? 어려울까? 왜 안 된다고 생각하는가?

즐거운 독립사업은 어렵지 않다.

마음대로 할 수 있는 사업을 하면 된다.

마음대로 하려면 어떻게 해야할까? 돈만 많으면 될까?

마음대로 한다는 것은 어떤 것일까?

하고 싶은 일을 하고 싶을 때, 하고 싶은 만큼 하면 된다.

하기 싫으면 안 해도 되는 사업, 과연 그런 일이 있을까?

그럼 대기업 총수들, 전직 대통령들 감옥 안 가야 된다. 해서는 안 되는 일을 마음대로 했기 때문이다. 아무리 돈이 많고 권력이 있어도 자유롭지 못한 삶이 전혀 부럽지 않은 이유다.

사업을 즐기기 어려운 이유는 애초에 가볍고 즐겁게 시작하지 않았기 때문이다.

돈을 많이 들이고, 많은 것을 걸고, 크게 시작하고, 실패하면 잃을 게 많기 때문이다.

물론 즐거울 수도 있다. 좋은 아이템이고 전략도 잘 세우고 운도 따라줘서 사업이 잘될 수도 있다. 그럼에도 불구하고 놀이 같은 사업은 하기 어렵다.

즐거운 독립사업은 가볍고 작게 시작하지만, 거대한 사업이 될 수도 있고 싫증이 나면 언제든지 버릴 수 있는 사업이다.

헤일로탑의 창업자 저스틴 울버톤은 38세에 당뇨 위험 진단을 받고 식단관리를 했지만 달콤한 디저트의 유혹을 뿌리친다는 게 쉽지 않았다.

그래서 인터넷으로 2만 원짜리 아이스크림 제조기를 사다가 직접 아이스크림을 만들어 보면서 18개월 동안 연구 끝에 설탕 없이도 달콤한 아이스크림을 만드는 데 성공했다.

그렇다고 해서 바로 성공을 한 것도 아니었다.

너무나 평범한 맛에 시장의 반응은 싸늘했고, 매출 부진을 겪었고, 파산에 직면하기도 했다.

맛으로 경쟁할 수 없다면 내세울 건 딱 하나였다.

저칼로리. 놀랍도록 낮은 칼로리를 크게 써 놓은 포장지 덕분에 불티나게 팔렸고 2조 원이 넘는 인수 제안을 거절하기에 이른다.

과연 상상이나 할 수 있을까?

그에게는 이 사업이 얼마나 즐거운 놀이일까? 건강하게 살빠지는 아이스크림이라니!

그가 없다고 해서 회사가 망할까?

택스코디와 프리코디는 창업자들과 자영업자들의 생존 전략 수립과 세무교육을 해주는 일을 한다.

기존의 창업 컨설턴트와 세무 전문가들과는 전혀 다른 방향으로 이끌어간다.

상권 분석은 하지 말고 최대한 구석진 곳에서 창업해야 한다고 말한다.

세무는 어렵지 않으니 배워서 직접 챙겨야 한다고 말한다. 어쩔 수 없이 세무사에게 맡기더라도 알고 제대로 부려야 한다고 말한다. 그리고 영세한 자영업자라면 웬만하면 경미한 탈세 정도는 과감하게 해 버리라고 말한다. 어떤 세무사도 세무서에서도 알려주지 않을 방식을 말해 준다.

교육을 받은 예비 창업자나 기존의 자영업자들은 그동안 막혔던 10년 묵은 체증이 내려가는 듯 통쾌해 하곤 한다.

교육이 필요하다고 생각하는 누군가는 도움을 요청하고 만남과 교육이 끝나고 나면 언제나 감사의 표시가 끊이지 않는다.

소중한 돈을 아끼고 가족을 돌아볼 수 있게 되어서 너무 즐겁다. 그런 즐거움을 보는 택스코디와 프리코디 또한 즐겁다.

블루피쉬의 스티브 심스는 모두가 불가능할 거라고 생각하는 요구나 부탁을 들어주는 컨시어지 사업을 하면서 고객들의 형언

할 수 없는 감동과 감사를 받으며 얼마나 즐거울지 상상할 수 있겠는가?

그가 그 사업을 운영하면서 불가능할 것 같은 요구를 들으면 얼마나 골머리가 아플까 걱정이 되는가? 그는 그조차도 즐기고 있을 것이라고 생각한다.

풀어내는 즐거움을 만끽하길 바란다.

당신의 창업도 그렇게 풀어낼 수 있다.

당신이 제공하는 상품을 구매한 고객이 감동하고 고마워할 만한 사업을 하면 된다. 앞서도 말했지만 당신이 불편했거나 불합리하다고 생각하는 해결하고 싶은 문제를 해결하는 과정의 아주 사소한 경험이 사업이 될 수 있다. 그런 문제를 안고 있는 사람들을 찾아서 상담해 주고, 해결해 주는 과정을 거치고, 책을 쓰고 강의를 하면 된다. 그러면 당신만의 사업을 즐길 수 있다.

세상의 모든 거대한 사업의 출발점은 자신의 불편함이었다는 것을 잊지 말자. 당신이라고 하지 말란 법은 세상 어디에도 없다. 즐겨라 창업! 독립사업!

11

자신만의 캐슬을 쌓아라

지금까지 창업을 준비하면서 가졌던 고정관념들을 얼마나 무너뜨렸는지 모르겠다.

다 무너졌길 바라지만 그 또한 내 욕심이 아닐까?

지금까지 해줬던 이야기의 결론이다. 당신이 이제부터 기획하고 구축해야 할 창업의 방향에 대한 이야기다.

절대 망할 수 없는 이야기, 그리고 당신을 완벽하게 자유롭게 모든 것의 진짜 주인이 되게 해줄 이야기다.

바로 당신만의 캐슬을 구축하고 독점 사업을 하라는 거다.

그럼 어떻게 독점 사업을 할 수 있는지 얘기해 보자.

그건 바로 거대한 목표를 세우는 것이다.

왜 거대한 목표를 세워야 하냐고?

거대한 목표를 세우면 아무도 도전할 엄두를 못 낸다. 도저히 상상도 할 수 없는 일들이기 때문이다. 그러면 당신과 경쟁하려는 사람이 없다. 그래서 하기만 하면 이기는 게임이 되는 거지.

그럼 어떤 거대한 목표를 세워야 할까?

세계 최고가 되어 버리는 거다.

여기서 '세계 최고'라는 단어에 기죽지 말자. 단어가 주는 무게감에 눌리지 말자. 계속해서 말해왔지만 그건 그냥 단어일 뿐이야.

그 일을 당신 혼자만 하거나 아무도 하려는 사람이 없으면 세계 최고인 거다.

Only One이 되는 거다, No. 1이 아니라. 압도적인 1위가 되는 것은 불가능에 가깝지만 독보적인 1위가 되는 것은 얼마든지 가능하다.

지금껏 읽어왔던 것처럼 다르게 생각하면 정말 쉽게(?) 세계 최고가 될 수 있다.

우리는 태어나면서부터 경쟁에 너무 익숙해져 있다. 항상 다른 사람들과 비교하고 그들보다 더 나아지려고 노력하는 게 지상 최대의 과제였다.

공부를 더 잘하거나, 시험을 더 잘 치거나, 더 좋은 대학에 가거나, 자격증을 더 많이 취득하거나, 더 많이 버는 직장을 얻거나, 더 넓고 좋은 집에 살거나, 더 크고 비싼 차를 사거나, 더 멋지고 비싼 옷을 입거나 하는 부질없는 소유에만 집착하기 때문이기도 하다.

'남들보다 더 나은 더 좋은'에만 매달려서 그렇게 평생을 살아왔기 때문에 경쟁이 아닌 것은 아무런 의미를 못 느끼는 괴물이 되어 가는 거다.

이제라도 그 무의미한 경쟁의 틀을 벗어던지길 바란다. 그렇게 3년이고 10년이고 스펙을 쌓고 경력을 쌓고 더 나은 사람이라는 것을 증명하기 위해 미친 듯이 노력해도 결국 더 잘하는 사람은 나타나기 마련이고, 평생 그렇게 경쟁에 치여 살다가 후회하게 될 대부분이 걸어가고 있는 길이다.

그 길에서 뛰어내려라. 압도적인 상위권을 향한 질주를 멈춰라.

그리고 자신만의 사업을 위해 3년만 딱 고생하자.

경쟁하는 길에서 하게 될 고생보다 좀 더 어려울 수도 있다. 돈을 못 벌 수도 있으니까. 그 길에서 자신만의 무기를 만들어 보자.

그 길로 안내하려는 게 나의 드러난 의도다.

어떻게 그게 가능할지는 결국 당신 손에 달렸다. 난 당신의 소중한 경험이 어떤 건지 모르기 때문이다. 할 건지 말 건지는 당신이 결정해야 하기 때문이다.

그냥 난 안내만 할 뿐, 선택과 실행 여부는 당신의 몫이고 그 결과에 대한 책임도 온전히 당신의 것이다. 하든지 말든지 간에 말이지. 어떤 선택을 하건 어떤 결과를 맞이하건 모든 건 당신의 책임이라는 것. 강제로 떠먹일 수는 없는 노릇이니까. 내가 무책임해 보일까?

스스로 노력하는 자는 반드시 도움의 손길을 받을 수 있다. 굳이 출간된 지 100년도 넘은 《자조론》이라는 책을 들먹이지 않아도 움직이기만 하면 반드시 도움을 받을 수 있다. 많은 사람이 자신의 힘으로는 아무것도 하지 않으면서 도움만을 바라고 차려진 밥상 앞에서도 떠먹여 주기를 바란다. 그런 사람들을 보면서 힘을 내기 바란다. 그러지 않기만 해도 얼마든지 성공적인 창업을 할 수 있다. 그게 무엇이든 말이다.

교육을 하면서 늘 느끼는 건, 잘하고 있는 사람이 더 잘하기 위해 비싼 수업료를 내고 신청을 한다는 것이다. 루저들은 대부분 그런 배움의 시간과 비용을 아깝다고 생각한다. 세상에 수많은 경쟁률은 그런 루저들이 대부분 채워 주고 있다고 생각하면 된다.

그게 창업 시장이든 채용 시장이든 비슷하다. 공무원 시험을 준비하고 취업을 준비하는 대부분의 청년은 무성의하고 무책임하다. 그 안에 실질 경쟁자는 3배수 이내라고 생각하면 된다. 근데 그 역시 치열한 경쟁일 뿐이다. 그 안에 들기 위해 얼마나 많은 노력을 해야 하는가….

모든 경쟁자들과의 경쟁을 그만두고, 다른 관점으로 세상을 바라보며 독점 사업을 만드는 길은, 안 되는 것으로부터 될 수밖에 없는 이유와 방법을 찾는 것이다.

그리고 그렇게 구축한 당신의 성에 아무나 못 들어오도록 높은 장벽을 세우는 것이다.

그러면 결국 당신은 진짜 주인이 되는 거다. 당신이 없어도 지켜지는 거대한 독점 사업의 주인이 되는 거다.

그러면 당신은 일과 시간과 돈으로부터 완벽하게 자유로운 삶으로의 첫발을 내디딜 수 있다.

난 어떠냐고?

난 그 길을 걷고 있을 뿐이다.

인디펜던트 워커는 기획된다

초판 1쇄 인쇄 2021년 1월 15일
초판 1쇄 발행 2021년 1월 20일

지은이 정효평 · 최용규
펴낸이 박정태
편집이사 이명수 출판기획 정하경
편집부 김동서, 위가연
마케팅 박명준, 이소희 온라인마케팅 박용대
경영지원 최윤숙

펴낸곳 북스타
출판등록 2006. 9. 8 제313-2006-000198호
주소 파주시 파주출판문화도시 광인사길 161 광문각 B/D
전화 031-955-8787 팩스 031-955-3730
E-mail kwangmk7@hanmail.net
홈페이지 www.kwangmoonkag.co.kr
ISBN 979-11-88768-32-5 03320
가격 13,500원